形體美與性選擇

潘立勇著

臺灣學生書局印行

序　言

　　由於種種原因，國內眾多的美學著述至今仍殊途同趨地回避著性與美的實質性關係這個關鍵性問題，在美的王國留下了一個帶禁忌的謎，似乎高尚的美與低俗的性是風牛馬不相及的兩個世界。本書將撇開種種的偏見與禁忌，直接切入性與美的關係及性的審美領域，集中探討形體美與性選擇的關係，探討性選擇對人類形體美的種種影響以及形體美在人類性選擇中的獨特意義，並進而顯示性與審美的內在聯繫及互動軌跡。本書的探討將從人類總體演變和個體發展兩個角度入手，借助對更底層次的規律的分析來透視較高層次的現象，以尋找形體美這個美學話題的社會生物學、人類學、文化學和性心理學等等的多元答案。是爲序。

潘立勇

一九八九年九月於浙江大學

求是園

形體美與性選擇

目　錄

一、形體美與性選擇的
人類學意義

　　我們不難注意到，從猿到人，與其內在的智力差異相對應的
外部徵象是由醜到美，可以說人類從動物進化而來的過程，同時
也是在形體上逐漸美化自己的過程。在這種演化過程中，形體美
感與性選擇動因交互起著非常重要的作用，形體美在人類的性選
擇中具有非常獨特的意義，而性選擇對於人類形體美同樣具有極
其內在的影響；形體美是人類性選擇之基本要素，性選擇則是人
類形體美化的基本動力。正是在這個過程中，人類在形體上實現
著自然對人的生成。對於形體美與性選擇相互關係的人類學意義，
我打算從縱橫兩個角度進行分析，縱的沿著從毛猿到裸猿，探討
人類在形體美和性選擇上對動物的演承與超越；橫的則根據人類
與動物之間存在的由性別到性美、由性交到性愛的差別，分析形
體美感在人類性選擇中的獨特意義。

1. 有關性選擇理論的簡要評述

　　性選擇是達爾文開啓的一個話題。在動物乃至人類的進化過
程中，他把生存競爭中的適者生存、弱肉強食、劣汰優勝、用進
廢退等規律稱之為自然選擇，這是一種與整個物類生死攸關的較

爲絕對與嚴厲的選擇；而把求偶競爭中某些個體比之同一性別的其他個體所占的優勢和便宜，稱之爲性選擇，比之前一種選擇，性選擇就較爲相對與溫和。用達爾文的原話說 "性選擇所依憑的是一個物種中的某些個體，常常在生殖方面，比起屬於同一性別的其它個體來，佔有某種便利"。❶他在《物種起源》和《人類的由來》等巨著中以大量的材料和篇幅論證了由軟體動物、昆蟲類、魚類、兩棲類、爬行類、鳥類、哺乳類乃至人類的演化過程中的性選擇現象和規律。在他看來，根據性選擇的原理，動物乃至人類在進化過程中某些特徵由於其在求偶競爭和生殖功能方面的較大優越性而可能得以繼承和強化。這在第二性徵方面特別明顯。例如動物雄性的較大的體型或身材、更強的體力、更狠的好鬥性、它那應付對手的種種進攻性或防禦性的武器、它的刺眼的顏色和種種的裝飾、它的歌唱能力，以及其它的諸如此類的性狀，都是性選擇的成就。❷在人類的情況也是類此。達爾文的論述以翔實的材料和客觀的論證將從動物到人類的性選擇現象的規律以及形體美與性選擇的關係理出了一條初步而鮮明的線索。

然而，達爾文的研究難免有過於注重人類與動物之同而忽略兩者之異的人類生物化傾向，對他所稱的性選擇標準和遺傳效果，美國著名性心理學家藹理斯在《性心理學》一書中就提出過質疑。藹理斯認爲性選擇的問題有兩個，一個是有選擇的擇偶，這點可以成立，但動物的選擇標準不見得是美；第二個是此種軒輕取捨，由遺傳的道理而影響到歷代族類的品質與品性，這點難以確定。❸

---

❶ 《人類的由來》商務印書館，1983年版，328頁。
❷ 同上，326頁。
❸ 參《性心理學》三聯書店，1987年版，38頁。

但藹理斯也承認，"在相當限度以內，女子之所以爲女子，或女性的型式的演變，多少總要受男子選擇標準的影響，而爲所陶冶；男子之所以爲男子，或男性型式的演變，也不免同樣的要適應女子的理想"。❹藹理斯在性心理學的領域裡對性選擇理論作了進一步的探討，在性選擇的生理和心理基礎方面有許多深刻而獨到的發現；然而他的研究在形體美與性選擇的社會性因素方面也沒能充分地展開。

美國社會生物學家、哈佛大學教授E.D.威爾遜和英國動物學家D.莫利斯等著名學者對這個話題又在社會生物學方面作了重要深入與發展。達爾文的研究主要著眼於生物的個體或群體層次，而他們則進入了對生物的分子水平和基因水平的剖析，並在這個最低層次的基礎上反過來透視動物與人類的兩性行爲乃至人類社會的性文化現象。威爾遜主要從兩性基因的差別（如精多卵少）引起的兩性利益衝突（如性投資和孕育付出的懸殊）的角度，顯示了動物乃至人類在性選擇和性行爲中兩性的性選擇地位和求偶特點的差異，以及由此形成的兩性在解剖學上的性特徵差異。比如，雄性動物的攻擊性和雌性動物的持守性，人類男性的好鬥、易變和多配偶傾向和女性的愼重、依賴、穩定和忠誠傾向，以及兩性間在身材、力量、速度、性情諸方面的種種差別。這些觀點在他連續發表的三部著作（《昆蟲社會》〔1971〕，《社會生物學》〔1975〕和《論人的天性》〔1979〕），尤其是後一著作中得到了令人耳目一新的闡述。與此同時，他的社會生物學觀點也立即遭到了來自各方面的猛烈批評。他的錯誤實質在於誇大了人

---

❹　同上，40頁。

的生物性方面，忽略了人作爲社會存在物的特殊性。

　　在強調文化的生物學基礎方面，莫利斯與威爾遜非常相似。不過他更多地從分析動物和人類的行爲及體態特徵入手，揭示人類性選擇行爲和機制與近親靈長目的淵源關係。他在這方面撰有《裸猿》、《人體秘語》、《親密行爲》、《觀人術》等衆多的著作。也許人們在情感上會難以接受他那諸如“儘管人類博學多才，可他仍然是一種沒有體毛的猿類”之類故作驚人之談的論斷，但他對於人類在性選擇方面對動物演承與超越，以及人類的形體美化與性選擇動因的內在關係所作的往往是入木三分的對比和分析，卻常常不得不令人拍案叫絕。

　　以上諸位西方學者在性選擇方面的理論都有這樣一個偏向，即突出人的生物性而忽視人的社會性，乃至以生物性的規律來代替社會性規律，這點也許難以爲我們完全苟同的。然而，這種思路與視角對於我們歷來只注重人的社會性而忽視生物性基礎的傳統習慣與偏見，也許恰好有著矯枉過正的作用，對於我們擺脫在研究人類自身，尤其是性與美這一類敏感問題時由於神秘、迷信、偏見等因素造成的盲點，會有許多明快的啓示。

　　摩爾根有這樣一個規則：一種動作，如果能解釋爲一種低級心理官能的結果，我們就決不可以把它解釋爲更高一級的心理官能的結果。❺我們不必完全同意這樣的論斷，但可以從另一方面獲得啓發，那就是，較高級的動作或心理象，如果能從更低一級的心理機能來透視，也許會解剖得更加透徹。我們還可以獲得這樣的啓示：在宇宙世界各類事物中，較高層次的活動和現象往往

---

❺　參吳偉士《西方現代心理學派別》。

是受更低層次的基礎活動和規律制約的，只不過制約不等於絕對地決定，較高層次的活動和現象在自身的層次上有著一定的能動性與特殊性。人類的形體美與性選擇也不例外，無論是總體的歷史進化還是個體的現存方式都不可避免地受著某種生物性因素或規律的影響或制約。然而，它又具有獨特的社會性，受著其他生物所不具備的文化因素的影響與制約。因此，從性選擇的角度來揭示形體美這個美學話題的性心理學、文化學、人類學乃至生物學的多層次多元答案就成了我在本書中的基本用意。

2. 從毛猿到裸猿：
人類在形體美與性選擇上對動物的演承與超越

① 猿的烙印：人類在形體和性選擇上對動物的演承

人類從最親近的祖先靈長目猿猴進化而來，這已是除宗教界外無人置疑的科學公論，我們無庸贅述。在此僅借用人類學家的兩則圖譜以使這條軌跡更加一目瞭然。第一則是美國人類學家布雷斯1971年提出的圓柱式的人類演化譜系圖，第二則是美國人類學家納皮爾在1971年出版的《人類的來源》和1975年出版的《有才能的靈長類》中提出的，它是用譜系樹形式表達的人科分類與演化。相比較而言，後者的可取之處在於不僅顯示了人類的進化，而且也顯示了由共同祖先導源的人與動物的分化。

然而，英國社會生物學家莫利斯又給我們新的啟示，即這種演化其實也可稱之為從毛猿到裸猿的過程，這就是本節借用此題的緣由。莫利斯在《裸猿》一書中，別開生面地將人類這種新奇的靈長目命名為"裸猿"，因為從人的牙齒、手、眼和其它許多

晚更新世	現代人 （智人）
	尼 人 （智人・尼人種）
中更新世	猿 人 （直立人）
早更新世	南 猿
上新世	（南猿・非洲種） 拉瑪猿・旁遮普種
中新世	
漸新世	埃及猿

圓柱式人類進化譜系圖

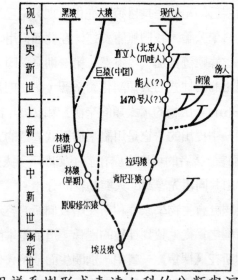

用譜系樹形式表達人科的分類與演化

原康修爾猿(左)、林猿(中)、拉瑪猿(右)的復原象。

各種類型南猿的復原象：從左到右，非洲種南猿，
粗狀種南猿，鮑氏種南猿，"能人"。

早期直立人的復原象。　　　　　現代人直立像。

解剖特徵來看，顯然也是一種靈長目動物。然而當人的皮毛跟192
種猴類和猿類的毛皮進行富於戲劇性的對比時，人這種靈長目的
動物的奇異就一目瞭然了。它的體表全然裸露無毛。除了頭頂、
腋窩和陰部有少許的幾叢毛髮引人注目之外，其餘皮膚全然裸露
在外。❻如果從橫的比較，"裸"的特徵是人與猿類區別的形體
標幟，那麼從縱的回顧，"裸"的過程就是人對猿類在形體上演
化和超越的過程。（如上圖所示）體毛的脫落，對於人類在形體
美與性選擇中對動物的超越具有極重要的意義，然而我們首先要
探討的是，既然人是一種裸猿，裸猿是從毛猿演化而來的，那麼
人的身上多多少少帶著猿的烙印，正如恩格斯所說："人來源於
動物的事實已經決定人永遠不能擺脫獸性"，在形體美和性選擇
上也不例外。

---

❻ 莫利斯《裸猿》百花文藝出版社，1987年版，4頁。

　　根據達爾文的研究，人的身體結構是和其它哺乳動物有著同樣模式的，人身骨骼系統中既有的骨頭可以拿來一根根和猴子相應的骨頭相比。肌肉、神經、血管和內臟的情況又一樣。而赫胥黎及其他解剖學者的研究證明，在重要性上大於一切器官的腦，它在結構上所遵循的也是如此的同一個法則。甚至作爲持反對觀點的比肖福也承認，人的腦子中的每一個主要的裂（fissure）和襞（fold）都可以在普通猩猩的腦子中找到對應。達爾文還強調指出了人與動物之間生殖特點方面的相似。比如，從雄性方面進行求愛的第一步動作開始，到年輕一代的出生和養育爲止，在所有各類哺乳動物裡是如出一轍得令人驚奇的。初生的小猿猴，其弱不自存的狀態，與我們的嬰兒幾乎一模一樣，而在某些屬的猿猴裡，幼年猿猴和成年猿猴之間在外表形態上的差別之大，也和我們的孩子們與壯年父母之間的差別完全可以相比。另外，男人和女人之間在身材、體力、毛髮等…方面，以及在心理上的種種差別，都可能在哺乳類、靈長類動物的兩性之間見到彷彿。總之，達爾文的結論是，人與高等動物之間，無論是在總體的結構上，在細胞組織的細微構造上，在身體的化學成份上，在一般體質及其性特徵上，都表現著十分密切的相應的性質。❼

　　現代人類學的研究更表明，人類的某些表情也可以在類人猿上找到對應痕迹，如下圖所示。

　　也許，就人類在形體美與性選擇方面對動物的演承來看，更值得注意的是兩者在性生理結構、性選擇行爲和性心理特點的某種相似。性解剖學表明，人類的性器官結構與哺乳類動物的性器

---

❼　參見《人類的由來》第一一章。

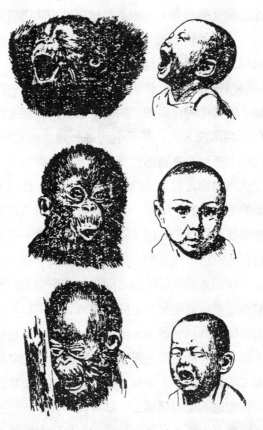

類人猿具有和人相似的表情：上，歡笑；
中，驚奇；下：哭泣。

官非常相似，人類除了第一性徵即生殖器官的差別外，還有第二
性徵的區別，與此相應許多動物的兩性除了性器官的差異外，也
還有一些副性徵，如身體的形狀、比例、大小和表皮的顏色不同。
在性選擇行爲方面，例如幾乎在整個哺乳動物類裡通行無阻的雄
性爲占有雌性的戰鬥法則，以及雌性用不同的媚惑手段來試圖激

誘雄性的方法，在人類的野蠻部落裡常見不鮮，在文明社會中改頭換面地出現。又如動物在性行爲中伴隨的種種情感—對異性表現出高度的溫柔、對子輩表現出無微不至的關懷等等，也可以在人類見到彷彿。

再如，近代德國學者的研究揭示了猴類有一種"自我模仿"現象，那就是借助模仿生殖器色彩或形狀，向面部或身體的其他部位發送性信息。如西非狒狒雄性的陰莖呈白紅色，而陰囊兩側卻各有一塊藍色的斑紋；同樣的色彩模式出現在面部，其鼻子呈血紅色，面頰突出呈深藍色。埃塞俄比亞雌狒狒的會陰周圍有一圈深紅的區域，周圍繞以白色的乳突，會陰中部的陰唇呈血紅色。這一視覺形象的模式在牠的胸部又再現了出來：一塊裸露的血紅色區域，周圍環繞著同樣的白色乳突，位於這塊紅色皮膚中部的乳頭呈深紅色，兩個乳頭貼得很近，使人強烈感到它與陰唇非常相似。類似的"自我模仿"也發生在人類身體上。比如，女子兩唇對其陰唇的模仿，女子善於通過口紅來自覺地誇大、強化這種模仿的性信息。此外，女子的雙肩對於乳房或臀部，男子的鼻子對於陽具也被認爲是典型的"自我模仿"。

綜上所述，既然人類對動物有著如此許多的演承和相似，那麼我們有理由相信，在動物界無疑起著很大作用的性選擇對於人類的形體不能不產生內在的影響，而且我們也有理由相信達爾文早就得出的結論："男子與女子相比，有較大的身材和體力，又有更寬闊的肩膀，更發達的肌肉，棱角更多的全身輪廓，更勇敢好鬥，所有這一切，我們可以了無疑義地認爲主要是從他的半人半獸的男祖先那裡遺傳而來的。這些特徵，在人的漫長的野蠻生活的年代裡，通過最壯健、最勇敢的男子們，不僅在一般的生存競

爭中，並且在爲取得妻子的爭奪戰中—雙重的戰功，而保存了下來，甚至還有所加強。"❽

② 體毛的脫落：人類在形體美與性選擇上對動物的超越

問題的另一面是：裸猿畢竟不同於毛猿，人類畢竟已超越了動物，體毛的脫落作爲人類開始超越動物的外形標幟在人類的形體美與性選擇中具有特殊的意義。莫利斯認爲裸猿體毛脫落的過程是在大約幾十萬年前的狩獵猿時期完成的。大約100萬年前，一種直立的以獵食爲生的猿類終於形成，他們退出森林越入原野；雙手獲得解放，變得更加強壯靈活，大腦獲得發展，變得更加繁複精細，更加聰明敏捷。他們學會了使用和製造工具，進行社會合作，開始定居並出現兩性的社會分工。於是，由樹棲的猿進化爲地面上生活的古猿，地居猿又進化爲以獵食爲生的古猿，獵食古猿再演化而據守領地的猿人，直至定居的猿人演變而爲創造文化的猿人，以至在最後的50萬年內學會了從取火到製造宇宙飛船，外形上脫掉體毛換上了衣服。自然的進化由毛猿至裸猿完成，其後則是由野蠻人到文明人的文化創造。

那麼究竟是什麼原因造成了裸猿的體毛脫落呢？人類學家們早就有過種種解釋與猜測，諸如：脫去體毛是幼態持續機制的附產品；是爲了擺脫寄生蟲困擾；是由於進食性污染；是由於學會用火；是由於經過了水生猿階段；是由於自然選擇機制任意選中作爲物種標態；是爲了散熱；以及是爲了延伸性信號等等。達爾文則作過這樣的猜測，"人，或基本上是人中間的女人，之所以

---

❽　《人類的由來》，853頁。

沒有體毛,是爲了美觀的目的" ❾在我看來,體毛脫落的原因是多元的,在形體美與性選擇的話題中,我們更感興趣的不是體毛脫落的原因,而是它的結果。達爾文的猜測作爲原因的解釋也許還有點牽強,但作爲體毛脫落的結果對人類形體美與性選擇的影響與意義的揭示,還是很富有啓發性的。

　　體毛的脫落、皮膚的裸露在形體美方面至少具有這樣一些意義:㈠體現了膚色之美,使膚色可能呈現明顯的性徵和強烈的性吸引力。比如男子的古銅色錚亮膚色和女子的白晰如凝脂般的膚色,都是鮮明的第二性特徵,無疑具有極大的性魅力;㈡體現了形體之美,尤其是女性,體毛的脫落正可使其豐滿苗條的體型曲線畢露無遺。假設某姑娘因返祖現象而遍體長毛,那麼無論如何也難以成爲"窈窕淑女";㈢突出了毛髮之美,全身絕大部分的體毛脫落後,餘留下來的部分恰好成了明顯的第二性特徵,如男女的腋毛、陰毛都是極富有吸引力的特徵,男子的鬚髯,女子的秀髮則成了形體美的一種重要徵象;㈣引發了服飾之美,直立的體姿的肌膚的裸露,這就促使服飾無論從調溫、蔽體還是從裝飾而言都成爲必要,這就引導了人類特有的服飾之美。與此相應,體毛脫落對人類性選擇機制的影響則是強化了視覺與觸覺,加深了兩性在愛撫中的接觸與感受。

　　以體毛脫落爲超越動物的形體標幟的人類,在性選擇方面與動物也有了明顯的區別,這種區別主要表現在兩個方面:㈠從性交到性愛,人類的性選擇實現了心理化;㈡從性別到性美,形體美在人類的性選擇中具有獨特的意義。

---

❾　《人類的由來》,76頁。

我們先探討第一點，從性交到性愛。由動物的求偶到人類的求愛，由動物的交媾到人類的做愛；在這過程中人類實現了對動物的重大超越，其基本的區別在於，動物的性選擇和性結合僅僅是生理本能性的簡單反應，而人類的性選擇和性結合則是心理化、意識化的綜合反應。例如，性行爲一般都要經過三個典型階段，形成配偶階段、性前活動階段和性交動作階段，人類在這三個階段的性生物特點和行爲模式都跟其它靈長類有了很大區別。

形成配偶階段通常叫求愛期，人類的這個階段比之動物出奇的長久，而且不受發情期的限制。動物只在發情期受到性信息的刺激才發生求偶行爲，而人類則始終可能保持愛的情感，人類在求愛過程中對對象的選擇也遠較動物嚴格與複雜。就性前活動階段而言，猿類和猴類的活動模式都十分簡單，通常只有幾種簡單的面部表情和呼叫，而人類的性前活動則十分複雜細膩，富於刺激和柔情。根據莫利斯的觀察，人類由求愛至性前活動要分爲十二個階段：一眼對身；二眼對眼；三話對話；四手對手；五臂對肩；六臂對腰；七嘴對嘴；八手對頭；九手對身；十嘴對乳房；圭手對生殖器；圭生殖器對生殖器。在最後的階段，人類與靈長類動物的差異也十分明顯，後者的交配本身十分短暫簡單，進行的是"快速交媾"。以狒狒爲例，從交尾到排精只有七、八秒鐘，雄性骨盆滑送的次數至多爲十五次，雌性看上去沒有任何性欲高潮，往往無動於衷；而人類的性交活動就極爲熱烈亢奮，幾乎是進入一種迷狂的境界，活動前後大約需要半小時左右。另外，兩性交合的方式也大有差異，一切靈長類動物的交配姿勢都是雄性從雌性的臀部貼近上去，交尾時身體的正面沒有接觸。唯有人類採取的是"愛神正面式"，也就是面對面的"做愛"，這一方面促進了兩性的情感交流，同時使性交雙方對異性的形體美的感受特別明確深切。

這就涉及了我們要探討的人類在性選擇中與動物的第二點區別：從性別到性美。在這一點上，達爾文的片面性是十分明顯的。他似乎認爲連最簡單的動物也具有美感，儘管他把這種美感限定在領略異性之美，承認諸如夜間天宇澄清之美、山水風景之美、典雅音樂之美這類需要通過文化才能鑒賞的美，動物是沒有能力欣賞的，然而他卻斷言"人的審美觀念，至少就女性之美而言，在性質上和其它動物並沒有特殊之處"。❿我們難以接受這樣的結論。我們承認某些動物對於異性的某些"漂亮"的性特徵具有靈敏而又強烈的感受與反應，但這只是對性信息的一種S（刺激）－R（反應）式的條件反射，人們曾用模擬的性信息騙誘動物便可證實這一點。對於動物來說，到了發情期，只要是異性就可以交配。而且，即使有競爭和選擇，其取捨的標準也純粹是刺激性的性特徵而不是美感化的性特徵。美感是觀照體驗與反思的產物，動物不具備基本的心理與意識，在對外界信息的反應中神經中樞這個階段往往十分簡單甚至可以忽略不計，形成類似S－R的模式。因此，如果說動物有"美"的觀念，那麼這種"美"與"性"是同一的。人類則不然，人類的性結合必然會有選擇，在這種選擇中性特徵是重要和必要的條件；但不是唯一標準或充分條件。人類的性選擇還受形式美感的影響，比如一位性特徵相當突出、生殖能力相當強的女子可能是十分醜的，不一定得到異性的青睞。這是因爲人類不僅在性選擇中掌握了性徵規律，而且在社會生活

---

❿　《人類的由來》，137頁。

實踐，包括對自身形體的觀照中掌握了形式美規律，能夠運用萬物種屬的尺度和個體內在固有的尺度，運用美的規律來認識和掌握世界。因此，人的正常的性選擇，就是審美化的過程，是愛和美的統一，性與美的結合。正是在這個過程中，人們在選擇對方的同時也在按照美的規律塑造自己與對方，實現著性與美的互循環，也許，這就是形體美與性選擇的人類學意義。

二、形體美與性選擇的美學意義

　　當我們把話題轉到形體美與性選擇的美學意義時，要討論的重心是，形體美作為最強烈的審美享受和最內在的審美尺度的價值以及性選擇作為最強烈審美創造動力和最內在的生命追求的意義。

1. 形體美的審美價值

　　形體美的審美價值主要體現在兩個方面：就欣賞而言，人的形體美能給人以最強烈的享受；就鑒賞而言，人的形體美又給人以最內在的審美尺度。

① 最強烈的審美享受

　　對這個問題我們應該從人的形體美作為審美客體的形態特徵和我們對形體美的主觀感受兩方面來看。就前者言，形體美是地球上最高形態的審美客體；就後者言，形體美能給人最強烈的審美享受。我認為，美是包含著肯定性社會價值，能夠引起人們特定情感反映（主要是親和情感反映）的具體形態。就人類總體而言，最基本和最高的肯定性社會價值就是生命——自由創造的生命，而健美的人體正客觀地表現人的最完美、最健全、最和諧的生命形態，因而我們稱形體美是一種最高形態的審美客體。同時，人體美又能夠引起人的最強烈的親和情感反映，因而，我們又說形體美感是一種最強烈的審美享受。這是我在本節論述的基本思路。

"天覆地載，萬物悉備，莫貴於人"（《內經素問》）在地球這顆具有眾多生命的星球上，人是最完美、最健全的生命形體，人體這種生命形體是自然界進化的最高成就，人的形體美也是自然美由簡單到複雜、由低級到高級發展而來的最高階段，是自然美的極致。勞動造了人本身。直立行走，邁出了由猿到人的具有決定意義的一步。手腳的分化，引起整個身體結構的變化，為了保持平衡，人的全部骨骼、肌肉都參與了支持、曲伸和旋轉的工作，就連原來朝前的肘部和朝後的膝蓋，在進化過程中也"撐"了過來，人成了一部平衡特別敏感的最美的神妙裝置。有人把人體形式結構的美歸納為十六個字，"線條流暢，內涵飽滿，曲直相間，比例合度"，這是十分恰當的。

人體美之所以高出於動物之美，這是因為"動物只是按照它所屬的那個物種的尺度和需要來進行塑造，而人則懂得按照任何物種的尺度來進行生產，並且隨時隨地都能用內在固有的尺度來衡量對象，所以人也按照美的規律來塑造"。❶人體正是按照美的規律塑造出來的，它是個多樣性的對立統一體，是一個充滿了靈氣的聖體。從性別上看，人體呈現出陰陽互補的特徵：男性以

---

❶　馬克思《1844年經濟學—哲學手稿》劉譯本，人民出版社，1979年版，51頁。

剛勝，體形呈倒三角形，上寬下窄、不平衡、適宜於動；女性以柔長，體形呈正三角形，上窄下寬、穩定平衡、適宜於靜。從構造上看，處處是均衡和不平衡對稱：兩眼、兩耳、兩乳、兩臂、兩腿、兩腳正好位於左右兩邊。雖只有一鼻，左右鼻孔是對稱的；雖只有一口，上下唇是對稱的。頭是圓形阻力小；兩腳並攏成方形站立穩。手有五指，能分能合，大拇指向一邊，四指向另一邊，才能捏攏。肚臍處於正中，心臟則位於身高的黃金分割處。從動作上看，充滿了動態的對稱與平衡，站起來是一豎，像一座山，躺下是一橫，像一條河，伸開像個“大”占領空間最多；蜷曲像個球，占領空間最少。上肢肘向後，便於前曲；下肢膝向前，便於後曲。人體的擺動、屈伸、跳躍、旋轉、滾動……在舞蹈、體操、田徑、游泳、跳水帆板，衝浪等運動中所展示的功能、節奏和韻律，正譜出了形體美的最美的交響。更何況，每個人體構造，同中有異，芸芸眾生，沒有兩張完全相同的面孔，沒有兩副完全一樣的體格，“我們可能發現兩個人都美，都很好看，但是這兩人彼此之間在尺度上或種類上乃至無論哪一點或哪一部分都毫無類似之處”，❷真是神奇的傑作，絕妙的創造。

　　無怪乎古今中外的詩人、藝術家、哲學家、美學家無不盛讚人體之美，有的甚至到了頂禮膜拜的地步，菲提阿斯就這樣說：“再沒有比人類形體更為完美的了，因此我們把人的形體賦予我們的神靈”。讓我們不妨在西方數不勝數的人體禮讚中略摘數語：

---

❷　杜勒《人體比例》見朱光潛《西方美學史》，人民文學出版社，1979年版，172頁。

萊辛：＂最高的物體美就是人體美，就是具有充分發展自由的人的形體美＂。

歌德：＂不斷升華的自然界的最後創造物就是美麗的人＂。

車爾尼雪夫斯基：＂在整個感性世界中，人是最高級的生物，因爲人格是我們的感覺所能領悟的世界中最高的美，在這個世界中所有其他各種等級的生物只有當它的能夠暗示到人、令人想起人的境界才具有美的意義＂。

羅丹：＂自然中任何東西比不上人體更有性格，人體，由於它的力，或者由於它的美，可以喚起種種不同的意象。有時像一朵花，體態的婀娜彷彿花蕾，乳房和面容的微笑，髮絲的輝煌宛如花萼的吐放；有時像柔軟的長春藤，勁健的搖擺的小樹＂。＂最美的題材擺在你們面前，那就是你們最熟悉的人物＂。

這些西方美學和藝術大師們不僅強調了人體美是自然萬物中最高的美，而且還認爲人體美能夠暗示自然界其他事物的美，或者說自然界其他事物也往往只是由於暗示了人體或人格才顯示其美。當代的藝術家們對後一點有著更深的體會，他們認爲人體不但＂體現了人類諸如和諧、完美、熱情、粗獷、秀美、典雅以及征服欲等等的優秀品質＂，是＂人類靈性最眞誠、最完美地呈現＂，而且由於人體本身是大自然最奇妙、最完美的造化，因此，當他們在描繪人體的時候，人體上的各種起伏變化，使他們聯想到巨大的山谷、原野、河床、丘陵等等。在人體攝影藝術中，抽象人體攝影正是捕捉了人體這一象形特點，將整個人體或人體的某些部位抽象化成大自然的景象，如女性仰臥的軀體構成的曲線多麼像山谷丘陵的自然起伏。

寫到這裡我想起了蔡儀先生在自然美論中對人體美的著名分析。蔡儀先生把自然美分爲現象美、種類美和個體美三類，人體美屬於自然美中最高層次、最完美的個體美。在他看來，現象美只是關於實體事物的一種或兩種現象，比如月光雲霞；種類美所表現的種屬性也較爲簡單，如動植物；而自然美中人體這種個體美的內容就最爲豐富，是形式和實質的非常調和的統一，既充分地表現著個性，又典型地體現了共性。他認爲就審美而言，對於現象美的認識偏於感性，對於種類美的認識理性也不強；而對於人體美來說，則由於它的現象與本質、個別性與種屬性既是非常調和的有機統一，而且它的特異的現象充分地體現它的本質，它的突出的個別性充分地體現它的種屬性，因而人們對它的認識、感性作用和理性作用既協調一致，又相當強大，同時相應地引起感性的快適和感情的愉悅也是相當強烈的。特別是這種個體美，對於異性青年引起的美感非常強烈，以至於心靈也要爲之而陶醉。[13]我並不贊同蔡儀先生的整個美學觀，但他將人體美看作自然美中最高層次、最完美的個體美的見解，以及對人體美的美感特徵的分析，我還是相當樂於接受的。

人體美這種絕妙完善的造型結構，不僅僅是人類在自然進化過程中經由自然選擇的結果，也不僅僅是人類在勞動過程中自由地創造主體世界的結果，同時還是人類在兩性選擇中經由形體美與性選擇互相促進互相循環的偉大成果。從某種角度講，人類的形體美，正是人類性選擇的傑出成就。形體美的最動人之處正是

---

[13] 蔡儀《自然美論》，見《美、藝術、時代》叢刊第一輯。

男女的第二性特徵，如男子的粗獷強壯的體魄、挺拔的鼻樑、青黑的鬍茬，女子婀娜的身姿、豐滿的曲線、細嫩的體膚、紅潤的口唇等等，這些具有性魅力的特徵很大程度上正是在千百年的"男競女擇"過程中逐代形成與強化的。人體美是自然美中的極致，而一般來說女性美又更是人體美中的極致。之所以如此，在很大程度是由於女性在人類的性選擇中總是處於被追求的地位，客觀上使她們更加注重自己的形體美和性特徵，以使自己具有更大的性魅力；而人類社會的男權地位和男權意識，也促使女性美成了主要的被欣賞對象。

正是由於人體美一方面是世間萬物的最高審美形態，另一方面這種審美形態又具有最充分的性特徵，在審美客體上它體現了性與美的最充分、最內在，又是最完美的結合與交融，因此，它無疑能引起人的最強烈的異性親和反應，給人以最強烈的審美享受。這種審美享受，既包含著性的意味，又不斷地在超越性意味向著審美升華，這是對蘊含著性特徵的美，或者說是美化了的性特徵的欣賞與享受，是受與生命有著最密切聯繫的性選擇動力的吸引著的審美體驗。這種審美享受，能對人的感官與靈魂造成最直接、最強烈而又可能是最深刻的吸引與震撼。

就人的生理需要而言，"繼飲食的需要之後最強烈的就是性的需要"，❶就人的心理體驗而言，則可以說性是最強烈的體驗。在我看來，相對而言，食更側重於人維持個體生命機能的需要，產生的主要是生理快感，一旦這種需要滿足時，這種生理快感也就立即停止，人們不會再去欣賞飽餐之後的美味。而性則更突出

---

❶　奧古斯特·倍倍爾《婦女和社會主義》。

了人的生命的創造和人性體驗，這種創造和體驗是異性之間共同
進行的，在這種創造中，人們能體驗到遠非飲食所能比擬的生命
的自由和歡快。而且，對異性之美的欣賞並不因欲望的滿足而立
即停止，比如失去性功能的人可能仍有欣賞異體美的熱望。勞倫
斯的名著《查特萊夫人的情人》中對男女雙方互相激發、互相欣
賞、靈肉交融的忘我陶醉境界的描述，可謂性愛與性美這種體驗
的極好表現。

進而，含孕著性特徵的形體美，產生的不僅僅是一種生理快
感，而是融著極度生理快感的審美享受，形體的性別將人的最低
級、最基本的需要：生殖、延續生命，和最高級、最超脫的需要：
觀照、自我實現，最奇妙、最緊密地結合起來了，因此，對形體美
的感受，既超越了一般的生理快感，又深切於一般的審美感受，
是一種最強烈的審美享受。在這裡，生存的欲望、生殖的欲望、
性愛的需要、審美的需要形成了一個統一的整體。如果說對飲食
等生理快感運用的主要是味、嗅等感官，對其他形態的美的感受
運用的主要是視、聽等感官，那麼可以說對形體美的感受是運用
了如馬克思所說"視覺、聽覺、嗅覺、味覺、觸覺、思維、直觀、
感情、願望、活動、愛─總之，他的個體的一切官能" ⑮全心身
地、靈肉交融地來體驗、來感受的。

從原始時代到文明社會，人類的生活和藝術中無不體現著這
種最強烈的審美享樂。原始野蠻人乃至羅馬、希臘等文明社會曾
盛行的出自性崇拜的狂歡跳舞，正體現了人類對形體美最原始、
最直接、最強烈的審美享樂。格羅塞在《藝術的起源》中曾引述

---

⑮　馬克思《1844年經濟學─哲學手稿》，77頁。

當時的目擊者有關野蠻部落的 "科羅薄利" 舞蹈和 "卡羅舞" 的見聞：男性一個個臉上塗著白堊，兩眼描著圈環，身上和四肢畫著長長的條紋，女人則是全裸，他們轉胸扭腰，搖臂踏足，如醉如痴 "用最野蠻和最熱烈的體勢以發洩他的性欲上的興奮"。❻直至今天當地原始部落的土著居民中還保留著這種原始舞蹈的痕迹，格羅塞認爲："這種跳舞大部分無疑地是想激發性的熱情……一個精幹而勇健的舞者定然可以給女性的觀衆一個深刻的印象；一個精幹而勇健的舞者也必然是精幹和勇猛的獵者和戰士"。在這一點上跳舞實在有益於性的選擇和人種的改良，原始人無疑地已經在這種充分地呈現人體美的跳舞中 "發現了那種他們所普遍地感受的最強烈的審美的享樂"。

古希臘，尤其是斯巴達人對人體美的崇拜和如痴如狂的享受更是爲後人所知，希臘神話中曾經述說因三女神比美叫帕里斯評判互不服氣而引起的波希戰爭，帕里斯王子寧願不做最偉大的君王和最勇武的戰士，而義無反顧地選擇了去做天下最美的女子──海倫的丈夫。爲了爭奪這位絕世的情人，人們不惜發動一場爲時十年的戰爭。當戰爭勝利者在流血漂杵之後，見到這位天姿艷麗的海倫時，不禁目瞪口呆，從心裡認爲對於這種美的爭奪是完全值得的。又據傳說芙麗涅這位希臘著名藝妓，因做模特兒而被元老院認爲有傷風化，欲治死罪，律師的百般辯護均無效；而當律師拿出最後的絕招，掀掉遮在芙麗涅身上的紗布，亮出她那絕美的身姿時，竟使整個元老院都鴉雀無聲，在美的震懾前一致同意宣布其無罪。

---

❻　見格羅塞《藝術的起源》，商務印書館，1987年版，164頁～170頁。

有首詩這樣描寫當時的情景：

> 神聖的形體放射出靜謐清麗的光彩。
> 人群，一刹那前還在呼吼，
> 將這高傲的藝妓處死！
> 倏忽間，全部啞口無言，
> 沉醉於阿佛羅狄式的廟宇。

與此類似的是1820年米洛島上的維納斯出土，整個法國幾乎沸騰，而且差點兒為爭奪這具體現了最典範的女性美的雕塑而爆發法、土戰爭，可見形體美給了人們何等強烈的感受。

甚至基督教的《聖經》中也借所羅門之口表達對女性美的強烈感受：

> 我的佳偶，你無比美麗，令人欣喜，你的頭髮如同山羊群，臥在基列山旁。你有一雙鴿子眼；你的眼睛就像赫斯本的珍珠。你的嘴唇像一條朱紅絨，你的牙齒如新剪過毛的一群母羊，你的頸項就如象牙塔；你的肚臍如圓環，裝滿醇香的酒！你的腰如一堆麥子，周圍有百合花；你的大腿圓潤好像美玉！玉女啊，你的腳何其美啊，你多麼美麗、多麼令人欣悅！

作為美術家的羅丹，更是狂熱地為人體美，尤其是女性美所醉倒，他說：“你看這個女人的胸部，飽滿的乳房，美妙無比，令人愛煞。”又說“你看另一個女人的臀部，多麼神奇的起伏，軟玉溫香中，肌肉多麼美妙，直要令人拜倒"。在女性美面前，他感到人工的笨拙，藝術的無力，他感慨，"啊！這個女人的肩膀多麼令人心醉！真是完美的曲線……我的畫太笨拙了"。他坦率地承認在對女性人體美的欣賞中是懷著某種高尚的性意識的，以至他看到維納斯的塑像就忍不住要去撫摸，而在撫摸中又似乎感受到了維納斯的體溫。在西方美術大師中，幾乎沒有不被人體美，尤其是女性人體美所迷醉的。

在中國古代，人體美尤其是女性美也早就受到了極度推鑒與欣賞，《詩經·王風·碩人》、宋玉《登徒子好色賦》、《神女賦》、曹植《洛神賦》、古詩《陌上桑》等等都是人們相當熟悉的描寫美人名篇，他們這樣滿懷激情，濃彩重墨地歌頌著女性的人體美：

《碩人》：手如柔荑，膚如凝脂，領如蝤蠐，齒如瓠犀，螓首蛾眉，巧笑倩兮，美目盼兮。

《登徒子好色賦》："眉如翠羽，肌如白雪，腰如束素，齒如含貝。"

《洛神賦》："穠纖得衷，修短合度，肩若削成，腰如束素，延頸秀頂，皓質呈露，芳澤無加，鉛華弗御。雲髻峨峨，修眉聯娟，丹唇外朗，皓齒內鮮。明眸善睞，靨輔承權。"

而西施、王昭君、貂嬋、楊貴妃這四大美人更總為歷代有口皆碑。《登徒子好色賦》中描寫的"增分之一則太長，減之一分則太短，著粉則太白，施朱則太赤，"似乎已把女性美推崇到盡

善盡美，而古代文學中習慣用來形容女子美貌的"傾國傾城"、
"閉花羞月"、"沉魚落雁"，不但顯示了人體美對人的巨大吸
引和感染，而且也暗示了比起人的形體美來，自然界的風花雪月
、鳥獸魚禽之美就相形見絀黯然失色！

漢樂府《陌上桑》就這樣描繪當時人們感受秦氏婦女羅敷形
體美的程度："行者見羅敷，下擔捋髭鬚；少年見羅敷，脫帽著
帩頭；耕者忘其耕，鋤者忘其鋤，使君南面來，五馬立踟躕"。
《登徒子好色賦》則稱"東家之子"的美"感陽城，連下蔡"。
此外像美男子潘安途經岳陽，幾乎引起轟動，婦女們爭相向其扔
花果和信物，以至"擲果盈車"。

還有，如衛玠的被人看殺，王濛的破帽有女子搶，王溥的受
衣冠金玉的饋遺，如此等等，足以可見形體美在中國古代給人們
強烈的審美感受，只是後來由於"存天理，滅人欲"的封建禮教
對自然人性的摧殘與壓抑，人體美和人體藝術在中國一直得不到
應有的地位。

叔本華對人體美有著一種奇特的見解，他根據自己的哲學觀，
認為"人體美是一種客觀的表現，它標誌著意志在其可以認識的
最高階段上最充分的客觀化，亦即充分地表現在可感形式上的一
般人類理性……正因為任何對象都不能像最美的人面和體態這樣
迅速地把我們帶入純粹的審美觀照，一見就使我們立刻充滿了一
種不可言喻的快感，使我們超脫了自己和一切煩惱的事情……所
以歌德說：誰看見人體美，任何不幸都不能觸及他；他感到同自
己和世界完全協調" ❼。我無法接受他這種把對形體美的觀照看

❼　《作為意志和表象的世界》卷三，"表象的世界：藝術之目的"。

作是 "純粹的審美觀照" 的看法，如上所述，我認爲形體美所以給人以最強烈的審美享樂，正因爲它帶有性的意味，又超越了性的意味，是美感和性感交融的，生命追求和審美觀照的交融。

② 最內在的審美尺度

可以說，人的形體美是人衡量萬物之美的最內在的審美尺度，當然這種尺度只是感受形態或力度的大致規範，而不是具體定量的標準。也許，這有人類自我中心論之嫌，然而我們大可不必忌諱這一點。既然我們認爲美是人的某種本質力量，即能夠喚起肯定性情感的自由創造力量在客體的對象化，而不是絕對客觀的 "物自體"，我們就有理由從人的角度來衡量美、評價美、創造美。這種想法我們古代的聖哲們就有了，古希臘哲學家普羅塔哥拉著名的格言 "人是萬物的尺度"，表達了希臘人乃至整個文明人類的信念。這種信念不僅意味著人類在精神和能力上，是萬物的靈長和主宰，而且意味著人類在形體結構規律上也是萬物的縮影或精華。西方或中國的古代都有 "小宇宙" 和 "大宇宙"，或類似的說法，認爲人本身就是一個最和諧的宇宙，人這個小宇宙的結構和規律，在一定程度上是與自然這個大宇宙對應的，古人們這種樸素信念以直感的形式體悟到了人體和自然的關照對應關係。

如果說，以人的形體結構規律一般性來衡量萬物也許過於寬泛無當，那麼，以人的形體美的結構和規律作爲一種直感來內在地衡量感受萬物之美，就決非是無稽之談了。美的結構和規律必然合著某種辯證的數的關係，這種數的關係千變萬化而又同歸於宗，那就是變化中的統一，或統一中的變化，歸之於和諧。而人的形體，作爲大自然造化的最高產物，作爲自由生命的最高體現，正是世界萬物中最和諧、最完美的結構,標準的人的形體正充分體現了美的規律。文藝復興時期的畫傑達•芬奇最早對人體結構作了精深研究,他認爲人體是大自然中最完美的東西,而人體的比例又必須符合數學的某種法則才是美的,例如人體各部分之間要成簡單的整數比例,或者要與圓形、正方形等完美的幾何圖形相吻合。而古希臘的華達哥拉斯學派則是最早提出了數和美的關係。他們提出了著名的"黃金律"作爲最美的比例,又提出"一切平面圖形中最美的是圓形",⑱這兩種規律式結構至今還被公認爲是屬於最美的規律或結構之一。根據後來人們的研究,美的這種普遍性的規律或結構其實是從人體美中總結出來的。因圓形的美和人的頭顱和面龐,尤其是女性的乳房有著映照關係,而"黃金律"則正是標準的人體比例。符合"黃金律"的矩形之寬長之比爲1:1.618,這是各種寬長比的矩形中最美的一種,這個寬長比例,正接近於標準的人體軀幹部分的寬窄之比。有人曾用"黃金律"分析被公認爲女性的健美模式的維納斯體型,發現她的肩寬、胸寬、腰寬和通過臍點的臀寬,內涵了"黃金律"的比例關係:肩寬減腰寬(A):肩寬減臀寬(B):臀寬減腰寬(C):胸寬減腰寬(D)。這樣形成的A:B:C:D四個數字正符合"黃金律"比例關係。因此,可以認爲"黃金律"是源於人體的,是人的形體進化的"固有尺度"和"美的規律"。美國美學家荷迦茲在《美的分析》書中曾提出被後人接受的觀點,蛇形是最美的線條,而這種線條又在女子最美的波形卷髮上找到了對應。

總之,我們認爲由於自然選擇和性選擇的結果,人的形體美

---

⑱ 《古希臘羅馬哲學》三聯書店,1957年版,36頁。

中包含著萬物美的結構和規律，而這種結構和規律，又往往被人們抽象出來作爲普遍性的美的 "內在尺度"。不僅於此，如前面所述，形體美還以其性別特徵的陰陽互補、構造的均衡和不平衡對稱、體態的動靜對稱與平衡、動作的節奏和韻律，對應地表現出宇宙萬物形態美的結構與規律，難怪乎美術家會在人體上看出花草、樹枝、山谷、原野、河床、丘陵等等大千世界。

我們之所以稱人的形體美爲最內在的審美尺度，除了前面所說形體美包含或體現了萬物美的結構和規律這一點之外，還有三層意味。

其一，美的啓蒙。就人的個體而言，人最初是從最親近的人的形體上獲得美的啓蒙。正如一般說來個體的語言學習和親密行爲可追溯到以母親爲主要的最親近人那樣，我們有理由推測個體最初的美感也起於對最親近人的觀察和感受；繼而推之其他人，其他物以及萬物。人們之所以注意胎教，注重幼兒教師的容貌體態，也許已經意識到了這一點。我們也可以推測；從小生活在形體較美的環境中，對於個體的內在審美直覺、審美能力必有獲益的影響。從人類總體來說，人類也是先認識人的形體美繼而推之其它的，前面所述的人們從形體美中總結出美的規律即是此證。另外，就美的形態而言不論東方還是西方，對人體美的自覺欣賞都是早於對自然美的自覺欣賞。而欣賞自然美時，人們又往往根據形體美的 "內在尺度"，也就是參照人的特點來觀照自然。從詞源上來看，許多描寫自然美的狀形詞，如妖嬈、婀娜、雄壯、峨偉等都跟人的形體特徵有關。從表現方法來看，描寫自然美慣用的擬人法正是將人的形體或精神特徵影射到自然之上。這些正好反證了人的形體美是衡量自然萬物之美的內在審美尺度。

其二，美的感受。我們說，對於各種美的感受，其心理力度模態幾乎都是與對形體美的感受同態的，對著峨偉的建築或山岳，我們感受到的如同在一位充滿陽剛之氣的魁偉男子形體美那樣的心理情感；對著婉蜒起伏的山谷，我們會感受到女子身段的美妙曲線，對著微風中的垂柳或碧波我們體會到的是如同輕拂女子秀長波髮一般的心境。既然人們是從人的形體美那兒獲得形式美的啓蒙的，那麼，在這種同態的心理感受裡，我們有理由說，是由形體美作著內在的審美尺度。

其三，美的創造。人類既然從人的形體美中感受、體悟、總結出了美的規律，就自然會把這種規律內在地運用於各種美的造型之中。這點在建築和裝潢藝術等方面最爲明顯，人體的造型和比例常是建築設計的依據，全世界的建築師都熱衷於從中吸取美感。"黃金分割"的矩形是人體寬長比例，這種比例在建築中最爲人們所歡迎。"左右對稱，前後有別，上下迥異"的人體特徵，被模擬地運用到建築設計之中。中外許多宮殿、廟宇、陵墓、城苑和園林大都採取了這種人體式格局。人體的中間高，兩肩低，或伸臂、或擁抱、或直立、或躺臥也被模擬到各種風格建築或工業造型上。建築物的尺度和家具的高度幾乎全是從人體蹲、坐、俯、倚、撐、立、仰等姿勢的高度導引而來。這些造型還根據不同的需要在設計上體現出或陰柔或陽剛人體性特徵。我們說得更遠一些，甚至許多科學的發明創造之美，也同人體有內在關係。從中醫脈學、針灸、陰陽五行、五運六氣學說，到火藥、羅盤、渾天地動儀，乃至生物功能研究，計算機的發明，人工智能的設計，都具有擬人的性質，就連中國傳統的實用理性思維方式也是擬人的。《易經》由人體性別對立統一關係，類推世界萬物關係，

發展成 "陰陽世界觀"，又如用人體的頭圓足方，引伸出 "天圓地方"、"智圓行方" 等觀念。

由此可見，無論就人類總體或是人的個體而言，也無論是就美的啓蒙、美的感受或是美的創造而言，說人的形體美是一種最基本的內在審美尺度，這決對不是毫無根據的。

2. 性選擇的審美創造動力

弗洛伊德解釋藝術創造動力的泛性觀，也許難以爲我們全部接受，他把一切藝術作品的創造都溯源於作家和藝術家平時未能滿足的性能量的改頭換面的釋放或升華，這未免過於牽強。然而，我們可以毫不誇張地說，性選擇的動力始終是刺激作爲藝術家的最強烈的創作衝動之一；不僅如此，性選擇的也始終是促使其他任何人進行自我美化的最內在的生命追求。

① 最強烈的創造衝動

就連康德這樣似乎沒有體驗過生命的偉大激情的哲學家在四十多歲時也說，對異性的傾慕 "歸根到底仍然是所有其他激情的基礎" ⑲，更不用說那些緣於感性的生命激情，"始終如一地從兩性關係中—從最細微的意義上理解的 '色情' 中汲得最強烈的刺激" （卡爾·李卜克內西語）的作家和藝術家們了。中國當代知名作家張賢亮在 "請買《張賢亮自選集》" 一文中就是這樣坦率地宣稱，該集子的 "全部作品都始終如一地從兩性關係中汲取

---

⑲　轉引《情愛論》，17頁。

靈感汲取美感，因爲兩性關係永遠是生命力量與人類活動最基本的也是最高級的存在形式"。⑳

愛情是人類的兩性關係中最崇高、最熱烈、最深刻的表現形式，愛情也是人類性選擇的最純潔、最高尚的形式，在愛情這種性選擇形式中，對異體形體美的吸引或追求是極爲重要和基本的要求。我們知道，正是愛情構成了人類藝術千古不歇的永恒主題，當我們打開中外藝術史或中外藝術家的傳記，不難發現從古到今，從民間創造到專業作家藝術家，無不最廣泛、最經常、最熱烈地從愛情、從對異性的傾慕中汲取創造的靈感，激發創造的衝動，也從中選取創作的題材，並以這種性選擇的內在力量作爲推動創造的永恒動力。

原始時代，乃至現代原始部落或少數民族地區的以性崇拜和青春求偶爲宗旨的舞蹈和對歌，作爲審美化藝術形式，正是從性選擇中汲取著創造動力。中國最早的詩歌集《詩經》第一首詩"關關雎鳩，在河之洲。窈窕淑女，君子好逑"，便是歌頌性選擇的千古絕唱。《聖經》舊約中的《雅歌》以詩歌的形式向人們描述了男女間的兩性關係，歌頌了個人在眾多人中對配偶的挑選和對心愛人的渲染和理想化。在六世紀的阿拉伯詩人安塔拉的作品中，我們可以看到對心愛的女子這樣描寫："我看見一個白皙的女子，她的長髮拖曳及地……乳房豐滿如銅鈴一般。她莞爾一笑，珍珠般的皓齒在雙唇間閃閃的發光……"這些數不勝數的古代作品構成了文學創造中最輝煌的永恒主題，正是始終地從兩性選擇關係中汲取了創造靈感和動力。

---

⑳ 《文匯報》86.5.12。

　　德國偉人的世界詩人歌德一生都在歌頌愛情，直至七十四歲
垂暮之年，還滿懷對一個十七歲少女的愛情和同生平最後一次愛
情告別的悲惱心情，寫下了《瑪麗亞溫泉哀歌》，可以說他一生
都在從美麗心愛的女子那裡汲取著創作靈感和激情。他的成名作
《少年維特的煩惱》創造的靈感和動力，也來自於對一位至愛而
又無法愛的美麗女子的衷情，可以說這是對無法實現的性選擇的
痛苦的回味。雪萊、拜倫、海涅、普希金、葉賓寧，這些傑出的
偉人莫不如此，他們最輝煌、最感人的詩歌往往是汲自於愛情，
汲自於對美貌純情的心上人的嚮往與傾慕。皆名的的勃朗寧夫人
的最感人的詩篇《葡萄牙人的十四行詩》，就是全部獻給其丈夫
羅伯特・勃朗寧的，而且是他的愛使她恢復了健康和青春，以至
她呼出了"愛就是火"，"我那迸發的熱情，就像道光……昭示
了愛底人手筆怎樣給造物潤色"。

　　如果說，文學創造的性選擇動力主要還是來自於較為綜合化
的愛情，那麼造型藝術的創造動力更是集中於對人的形體美，尤
其是異性的形體美的傾慕之中。至今為止，藝術家中男性所占
的極大部分比例和人體藝術作品中女性所占的極大部分比例，正
好說明，對異性的形體美的傾慕、欣賞和表現慾，正是藝術家最
強烈審美創造動力。中國當代一位青年畫家這樣說道，"當女人
體一出現在我們面前時，柔和的膚色和流暢的線條都給我們如雲
的美好印象。於是用畫筆表現這大自然和諧完美的產物就成了我
的追求"。

　　我們所熟悉的十九世紀末二十世紀初最偉大的美術家羅丹就
毫不隱諱地宣稱女子形體對他的吸引，對他的創作美感的激發以
及他對女性美的崇拜。在他的工作室裡，常常同時有幾個裸體模

特兒來回走動自由遊戲，他從這些瞬息萬變的優美姿態中不斷地獲取靈感。羅丹有一尊直接洩露自己內心情愫的雕像《永恒的偶像》，它作於1889年，作品中一個少女跪在岩石上，閉著雙眼在享受著異性的撫弄。她臉上露出了陶醉而又略帶惶恐的神色，右手下意識地撥弄自己的足趾，而那位青年則半跪在她面前俯身貼近，輕輕吻著她的胸部。這部作品的創造，也許跟羅丹的助手德波華說起的一個小故事有關：一次，羅丹讓模特兒躺在睡椅上作畫，畫完之後，覺得特別滿意，激動之餘，走到那位依然躺在睡椅上的裸女跟前，虔誠地跪了下來，輕輕地吻了她的腹部。這段對女性禮讚的故事，再加上羅丹與他的愛人女助手卡繆‧克洛岱爾的愛情，也許正是這件作品的創造基因和動力。

　　國外許多畢加索的研究者，幾乎無一例外地指出，畢加索的大量作品尤其是女性形象，可以說都是從他豐富的愛情生活中獲取靈感，或者更明白地說都與性有著直接的關係。他是在畫他自己，畫他的情人，畫他與她的愛。他甚至還明白地對他的情人姬妮費說過："當我畫你的畫像時，我就想和你上床，因為我認為這幅畫中的人是一位少女，也是一位成熟的女性，同時這幅畫中沒有半點虛偽"。㉑這種坦誠熱烈的快人快語，正是有造就的藝術家的創造風格。打開西方的歷代大畫家傳或大藝術家傳，幾乎沒有一位是不曾有過這樣那樣的風流韻事，而更沒有一位是不曾在這種對異性的追求傾慕膜拜中汲取創作靈感的。

　　② 　最內在的生命追求

㉑　姬妮費《我與畢加索十七年》，48頁。

如果說性選擇作爲審美創造動力在藝術家那兒主要表現爲藝術的創造衝動，那麼在一般人這兒就表現爲對形體美的超外在功利性的最內在的生命追求。無論對異性美的熱切追求，還是對自己形體的忘我美化，這都是源於內在生命的需要。這種生命追求甚至可以使人拋開一切社會地位和功名財利。古今中外爲了 "一見鍾情" 的純粹而執著的異性選擇以至不顧一切的追求的故事數不勝數。這種故事的主人公們可以說是進入了一種拋卻功利的純粹審美的境界，促進人們進入這種境界的力量是性選擇！從野蠻到文明時代，人類在人體裝飾方面甚至不惜付出身體創痛的而孜孜以求，以至風行當今世界的健美運動，人們爲了形體健美而甘願灑下辛勤的汗水，這些也正是源於性選擇的最內在的生命追求。

3. 性和美的互動關係

至此我們已經討論了形體美和性選擇的人類學和美學意義。我認爲，性選擇和形體美有著互相循環促進的互助關係。在這裡人類學的意義和美學的意義也是相輔相成，相促相進的。就人類學的角度來說，在人類最低層次的需要—求偶、生殖、延續生命過程中，性選擇起著重大的作用，而人類的性選擇中形體美具有獨特的意義，這就刺激著人類不斷追求形體美，由人類學向美學升華，從而使人類不僅在智能上不斷超越動物，而且使人類在外觀上也不斷地超越動物。就美學的角度而言，在人類最高層次的需要—審美、觀照、自我實現過程中，形體美是極爲重要的內容，而人類的審美活動中性選擇又是最爲內在和強烈的動力。可以說性選擇內在地刺激著形體美，形體美感又不斷地引導著性選擇，使正常情況下人類能不斷地朝著美的王國發展。進而,我們還可以認為,從人類總體的審美心理發生和演變來說,形體美與性選擇既是原始的未開化的、物質不發達的時期人類審美心理起源和發生的基本初因,也是現代及未來物質發達社會人類審美追求和審美創造的重要動力,並且是人類認識美的規律的內在途徑;從人類個體的審美心理發生和發展來說,形體美與性選擇既是個人審美啓蒙和審美感受的最初、最基本、最強烈、最持久的對象和途徑,是個人衡量各種美的最內在尺度,也是個人進行審美創造和其他自由創造的極為重要的動力。

三、形體美感與性選擇的生理心理學基礎

人類的兩性關係之所以必然也會出現"男競女擇"，而在這種"男競女擇"中形體美又必然地受寵，這是有其生理的和心理的基礎的。

1. 性選擇的生理機制

我們如果追溯到基因的水平，就可以發現，這是由有性生殖的基因特點決定的。在生物界，有性生殖比之無性生殖更能為後代創造適應環境的多樣性，而兩性系統又為生物界提供了最有效的分工。雌性的職能是造卵，雄性的職能是生產精子。受精時兩種配子相結合，基因即刻混合，受精卵包含了新的基因成分。兩性細胞在解剖上有極大的懸殊。如人的卵子比精子大8,500倍。配子的這種兩極分化，涉及到人類性生物學和性心理學的各個方面，最重要的後果是，女性在性細胞中有更大的投入。女性一生中另能生產約400個卵子，其中最多20個可望成為正常孩子，孕育孩子的代價更為高昂。與此相反，男性每次可以射出一億個精子，理論上，它能給成千上萬個女性授精，授精後他的生理任務就完成了。他的基因跟對方平分利益，投入卻少得多，除非對

方能使他對撫育後代作出貢獻。❷由此引起了兩性利益衝突，並使性選擇成為必要。精多卵少，精子就必須通過競爭才能獲得遺傳生命的權利，這就表現為男性在性選擇中的主動性和攻擊性。女性在延續後代中付出的更大代價使她不得不注重男性在生活能力和責任感方面由形體到心靈的選擇。

這種競爭與選擇的自覺進行是隨著性成熟開始的，根據弗洛伊德的理論，人從嬰兒階段就開始體驗 "性" 了。他把青春期以前的 "性" 體驗分為四個時期：㈠口唇期（誕生至一歲零六個月），性欲在口唇上獲得滿足；㈡肛門期（一歲至三、四歲），性欲在肛門部位找到滿足；㈢陰莖期（三、四歲至六、七歲），開始對陰莖感到興趣，並潛下戀母情結；㈣生殖器期（十二歲左右），開始進入能夠生育的時期。我以為到此為止，真正的性選擇還沒有開始，而進入生殖器期以後的青春期，或曰性徵發育期，隨著男女性成熟，真正的性選擇才開始具備了生理基礎。這個時期男性約在14～17歲，女性約在13～16歲。性成熟是生物學意義上的真正成熟，標誌著兒童期的結束。只有性成熟的人，才能開始性選擇。性成熟包括第一性徵的發育，第二性徵的發育和第三性徵的發育。

就男性而言，男性生殖器官在青春期前幾乎毫無形態上的變化，睪丸的體積在未發育前僅僅只有1～3毫升，而生殖器發育定型時，睪丸的體積將達到12.5～20毫升，陰莖隨大加長加寬。男性第二性徵的發育順序是：伴隨睪丸體積的增大；堅直陰毛出現；變聲開始；卷曲陰毛出現；喉節加速生長；腋毛出現；首次遺精；

---

❷　參見《論人的天性》，第六章，貴州人民出版社，1987年版。

鬍鬚的形成。與此同時，伴有乳暈區皮膚變黑和出現濃烈的男性氣味。與此相應，男性第三性徵也逐漸顯露，除了發達的肌肉，魁梧的體格以外，還顯示出行爲、性格、愛好、感情諸方面與女子形成很大差別的男子氣概，附見下表：

男子青春期發育過程

階　段	年齡(歲)	生　理　發　育　特　徵
1	10歲以前	無陰毛
2	11～12	(1)睪丸突然長大； (2)脂肪突增； (3)曲細精管分化 　（出現精原細胞和初級精母細胞)； (4)出現直陰毛。
3	12～13	(1)睪丸間質細胞分化； (2)出現次級精母細胞； (3)陰莖體積突然增大； (4)身高劇增； (5)出現卷曲的陰毛。
4	13～14	(1)聲音低沉； (2)首次遺精； (3)肛門周圍長毛。
5	15～17	(1)精液中出現精子； (2)生長腋毛； (3)體脂減少； (4)汗腺及皮脂腺增大。

就女性而言，女性生殖器在春青期前一直維持著幼稚狀態，卵巢極小，表面光滑。青春期後顯著增大。子宮明顯擴大，長度約增加一倍，陰道加長加寬。而外生殖器由幼稚型發育爲成人型。陰阜隆起富有彈性，大陰唇由平坦變肥厚，小陰唇由小變大，並有明顯的色素沉著。女性第二性徵的發育順序是：乳房增大；堅直陰毛現；卷曲陰毛出現；月經初潮；腋毛出現；並伴隨有明顯的乳房突出，臀部豐滿的女性曲線體態以及女性特有的氣味。第三性徵也隨之逐步突出。

人體的分泌系統對人的性成熟起著重要作用。這種內分泌系統中同性發育與性育功能有關的有：垂體、性腺、腎上腺、甲狀腺胰島和松果體。其中垂體、性腺與性發育及性功能的關係最爲密切。性腺爲人體的主性器官，它受垂體內分泌的控制。性腺在男性爲睪丸，在女性爲卵巢。性腺分泌出大量性激素。垂體由腺垂體和神經垂體兩部分組成，腺垂體的激素分泌嚴格地受到下丘腦的控制。這樣，下丘腦、垂體、性腺就控制了人體的性發育和性功能以及整個生殖活動，醫學上把這種控制系統稱之爲"下丘腦—垂體—性腺軸"。另外，下丘腦分泌垂體刺激激素的功能又受到大腦皮層的控制。在兒童時期，垂體只分泌少量促性腺激素，體內的性激素含量自然也很低。這個時候，下丘腦對性激素的反饋作用的敏感性也很低，抑制著垂體促性腺激素的分泌和性腺的成熟。隨著年齡的增長，在青春期前，下丘腦對性激素的反饋作用高度敏感，極低的性激素水平刺激著垂體分泌促性腺激素，使性腺不斷發育，其分泌的性激素也相應增加。到青春期，體內高度的性激素推動著外生殖器和第二性徵的發育並發生一系列的身體變化。

隨著性的成熟，人便產生了性欲，就生物學意義講，性欲是個體爲了“種屬”延續和繁衍，而強烈地要求與異性交配的欲望。性欲，包括接觸欲和排泄欲。潘光旦在對藹理斯《性心理學》的譯註中將此譯爲“廝磨的衝動”和“解欲的衝動”。接觸欲是指男性或女性渴求異性身體接觸的強烈欲望，從接吻、擁抱、撫摸，到身體的緊緊相貼甚至生殖器的直接接觸。排泄欲的產生，在男性是由於性成熟後，足夠的性激素使睪丸及其附屬不斷產生精子，製造精液，輸精管內由於精液的充盈使性敏感程度增高，並造成一種特殊的性緊張感，導致強烈要求排泄的欲望。在女性，由於卵泡成熟，雌激素分泌增加，性敏感度增高，前庭大腺和陰道的分泌功能亢進，這樣，必然導致男女互相吸引、互相渴求。

與此相應，男女身體上又形成了“性感區”，這是指在性器官外，對異性的性刺激敏感，其敏感性同性興奮保持反射聯繫的一些部位。“性感區”的意義在於接受異性性刺激，增強性興奮，促成性行爲的發生。對於性選擇來說，它也是必要的生理機制，尤其就觸覺而言。男性的性行爲比較主動，在性選擇中一般是進攻型，是形體特徵的欣賞者，因此，男性的性感區較爲狹窄和集中。男性性感區由強至弱分爲三部分，第一部分集中於性器官，如陰莖頸部、陰莖系帶、陰莖皮膚；第二部分爲性器官周圍部分，如陰囊、會陰部、大腿內側等，第三部分是胸部的某些部分以及口唇和手指。手指的性敏感在男性特別強烈，男性在與女性接觸時，撫摸女性身體，可以產生強烈的性興奮。俗語所謂的“男人通過眼睛和手來戀愛”正是這個道理。男性在性選擇中的主動性與進攻性，常常是通過手指的性敏感性作爲橋樑。女性的性行爲比較被動，在性選擇中一般爲保守型，是形體特徵的體驗者。因

此，女性的性感區較爲廣泛和分散，以至有人以爲女性的整個體
表都有性敏感性。女性性感區由強至弱分爲四部分：第一部分集
中於外生殖器，如陰蒂、小陰唇、陰道口、大陰唇和陰阜。第二
部分爲乳房和乳頭。在兩性接觸中，男性本能地渴求撫摸女性的
乳房。男性通過撫摸乳房增加哺育後代的責任感，女性則通過被
撫摸體會到被愛和母愛。第三部分爲口、唇、舌，人體口唇與生
殖器有緊密的聯繫，這點對性選擇特別有意義。據中醫的經絡學
說，對生殖功能有很大作用的"任脈"的循環路線貫穿口、唇與
生殖器，由此可見所謂唇爲女性性相，鼻爲男性性相的道理也在
此中。第四部分爲頸部、大腿內側以及長有毛髮的部分，如腋窩、
頭皮等。㉓

　　男女兩性在性愛的機制上的差別影響和決定了他們在性選擇
中的地位和特點。如上所述，兩性到了性成熟都有接觸欲和排泄
欲兩方面的性欲，但男性的性欲以排泄欲爲主，而女性的性欲以
接觸欲爲主，也可以說，男子的性興奮主要是生理上難以抑制的
內在欲望，女子的性興奮則是通過性體驗才產生的強烈要求。因
此，男子的性興奮往往易被視覺所激發，而女子的性興奮則易被
觸覺所激發。從這個意義上來說，男子的性行爲是他愛，女子的
性行爲是自愛。由於如果男子沒有性衝動，性行爲的機制便無從
建立，女子只能靠男子主動才能獲得性滿足，因此，女子的性行
爲是吸引男性，進行誘媚和挑逗，加之男子視覺的性興奮特別敏
感，故女子的容貌以及對形體的修飾便具有了遠遠較男子更重要
的意義。

㉓　參見《性科學》，湖南人民出版社，1988年版。

上面我們已把性選擇的生理機制敘述了個大概，據此可知，性生殖基因的差異是男女在性選擇中的生理和社會差異的最基層原因；性成熟爲性選擇的自覺進行作好了準備，性成熟引起的三種性特徵尤其是二、三兩種性選擇爲性特徵提供了內容和對象，而性成熟中性激素引起的性欲則爲性選擇提供了動力，至於隨性成熟產生的"性感區"，也爲男女性選擇與性行爲的差異提供了性生理機制。

2. 性選擇的心理化與形體美感

我們在第一章已分析過從動物到人類，在性選擇方面存在著從性別到性美、從性交到性愛的區別。人類的性選擇雖有生物學的基礎，但畢竟已是人類學的現象，具有遠較動物爲複雜的機制和模式，人類的性選擇是心理化、意識化的，因而形體美在人類性選擇中具有獨特的意義。這裏，我們將著重探討性選擇的心理化和形體美的關係及其生理、心理基礎。

性選擇的主要動力來自性欲，而性欲可以說由兩種途徑產生：來自勃起中樞的刺激可以本能地產生性欲，同樣，大腦裏產生的性欲也可以使這個中樞興奮起來。第一種途徑爲性本能，性本能起源於儲精囊，刺激傳送到骶的神經系統的勃起中樞或大腦的類似的中樞中，然後通過反射作用回到陰莖，引起性欲或勃起。後一種途徑爲性激情，性激情出自大腦，刺激直接傳送到陰莖和骶神經的勃起中樞中，引起勃起，下面一圖說明了性本能和性激情的區別：

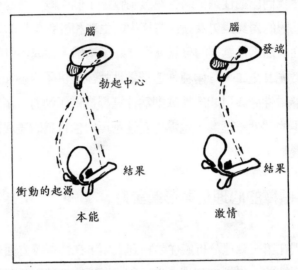

性本能的根源是在儲精囊中；而性欲或
性激情的根源是在大腦中。

　　性激情是種心理化的性衝動，這種衝動是人類獨有的複雜的心理活動。在許多動物中，性因素的釋發是消極的，授精類同排泄，隨意而不伴隨快感，此中儘管有性存在，但性吸引力和性激情卻不存在。在較高級動物中，出現了眞正的性交，但卻往往是不加選擇地在任何雄性和任何可得到的雌性中發生的。在性交中或許隨有快感但不足以產生激情，更不存在愛情。形體的 "美" 或許能成爲某些動物的擇偶因素，但 "美" 在它們那兒還只是一種性的符號和刺激，而且這種形體上的 "美" 往往還不足以決定交配、催發性衝動。支配性交配的往往主要還是其它刺激，尤其是 "發情氣味" 的刺激。在動物中，當雌性在生理上準備和雄性交配時，會散發出一種特殊的 "發情氣味"，大多數動物中，雄性只有聞到這種氣味才開始性衝動。總之，既便在高級動物中，性選擇和性衝動只取決於性本能的生理刺激。

而人類已進入了意識水平，有著遠較動物複雜的大腦和心理機能，因此，人類的性選擇是心理的，形體美感在人類性選擇中具有非常突出的地位，反過來又可以說，正是在心理化的性選擇過程中，逐步地加深了人類的形體美感。我們在以下的分析中將會看到，在性選擇的心理機能中，動物所側重的是嗅覺、觸覺等較爲原始低級的感官和感受，而人類所側重的則是聽覺、視覺等較爲高級的感官，這些感官能超脫直接的接觸性生理刺激而進入審美觀照。而且，人類在性選擇方面還有著直覺、情感、想像等更爲複雜的心理活動。這些心理機能和心理活動使人類在性選擇中對形體美的感知意義又遠遠較動物重要和突出。關於性選擇的心理機制，藹理斯在《性心理學》中有許多精到的闡述。

① 觸覺與性選擇及形體美感

按藹理斯的說法，觸覺是最原始的一種廝磨方式。性交合動作本身，就是一種廝磨的動作，而其最關緊要的部分便是觸覺。在一切感官之中，觸覺是最缺乏理智的，同時也是最富有情緒的。皮膚是一切知覺官能的基礎，性的知覺就大體而言，必然是一般觸覺的一種變通。另外，觸覺與積欲與解欲的機構有著內在的聯繫，因此，觸覺與性生活和性選擇有著十分密切的關係。

在低等動物的性選擇求偶過程中，觸覺往往是最占上風的一條途徑，比如蝦蟹、蜘蛛等動物的觸覺是其主要的求偶區域，在牛、馬、鹿、犬等高級動物那裏，觸覺也是求偶的主要途徑，典型的表現就是雌雄兩性之間的舌頭舔舐和鼻子廝磨。

　　觸覺在人類的性生活和性選擇活動中仍十分重要。前面所說的性感區就是性觸覺的生理機制。相對而言，男性更側重觸覺的施與而女性更側重觸覺的體驗。馬丁（LiLian Martin）在研究女大學生的審美情緒時觀察到，基於觸覺的情緒要比其他的情緒明顯和強烈。克拉克（Pearle Clark）曾說起一個患羊癲瘋的女子，說她只喜歡和她皮膚接觸時她覺得最舒服的人。女性在思春期所表示的性欲望，一般不在直接的性交而主要是在接吻、擁抱之類較純粹的觸覺行為。這從許多談戀愛的女子不會抗拒擁抱愛撫而不准對方越過最後一道防線的表現中得到證實。這種防線一方面固然出於貞操的考慮，另方面是由於女性在這個時期把愛撫的觸覺看得高於一切。賽吉爾（Sadger）說："許許多多青年女子所輝煌得像佛光似的貞操之光，是這樣的，性器官部分固然很少或沒有，但是在全身的皮膚裏、黏液膜裏和肌肉系統裏，都充塞著強有力的性愛"。㉔據藹理斯所言，這種事實，不僅思春期的女少如此，已有性經驗的女子亦莫不如此，十八世紀的一部性愛的小說道："她儘管竭力地撐拒、掙扎，想擺脫他的兩臂擁抱，但一望而知她的目的無非是要把他和她接觸的點、線、面，儘量地增加"。㉕

　　在性行為學裏，愛撫被稱為戀愛中的主要性行為也就是性選擇中的主要性行為，這是進入性結合前的必要步驟。在愛撫的過程中，男女雙方不但感受到一種強烈的性快感，感受到由衷的深切的愛，還使雙方感受到對方的形體和肉體的美。可以說，就女

㉔　轉引《性心理學》，43頁。
㉕　同上。

子而言，唇、頰、額、髮、胸、乳、頸、臀、腰、胯、腿、足、手及外生殖器這些性敏感部位也正是女性形體美的“美點”所在。尤其是女子的唇和乳房，在愛撫中是主要的觸覺部位，與之相應也成爲女性形體美的最引人矚目的“美點”，在親吻中緊貼著異性溫柔的軟唇，雙方都會感受到極大的幸福。愛的火焰通過這種行爲，像閃電一樣襲向個體的心靈使人如痴如醉，就像靈魂飄蕩在極樂的世界裏。而柔軟的鮮紅色的雙唇就像是粉紅色的玫瑰花瓣，或是鮮紅欲滴的櫻桃，作爲一種美的意象，深深地烙在雙方的心裏。而在戀愛中比接吻更深層的性行爲是撫摸女性的乳房。

在肉體的愛撫中，女性乳房具有特殊的魅力。少女的乳房健美而富有彈性，又最富有線條感。男性本能地渴望接觸並撫摸心愛者的這一部位，而女性也相應地渴望被撫摸。男性的撫摸是其體驗異性世界的愛和美的一種特殊方式。女性的被撫摸則是奉獻自己的愛和美的同時也體驗到強烈的愛的一種途徑。在整個肉體的愛撫中，肌體曲線最明顯的部位，比如腰、臀、腹、臂、腿等是異性最樂意逗留的部位，而在形體美的描寫或塑造中，藝術家的觀點也是集中於這些“美點”。這裏不妨引用幾段勞倫斯在《查特萊夫人的情人》中的出色描寫：

　　他所有的血管都好像爲了這臂裏的她。爲了她的嬌媚，爲了她的勾人心魄的美，沸騰著一種劇烈的，卻又溫柔的情欲。他的充滿著純粹的溫柔的情欲的手，奇妙地令人暈眩地愛撫著她，溫柔地，他撫摩著她腰間的軟滑的曲線，往下去，再往下去，在她柔軟而溫暖的兩股中間，移近著，再移近著，直到她身上最生動的地方。她覺得他像是一團

火，但是溫柔的欲火，並且她覺得自己是溶化在這火焰中
了。

"啊！摸觸你是多麼美妙的事！"他一邊說，一邊愛撫著
的臀部和腰部的細嫩、溫暖而隱秘的皮膚。他俯著頭，用
他的臉頰，頻頻地摩擦著她的小腹和她的大腿。他的迷醉
的狀態使她再次覺得有點驚訝起來。他在摸觸著她生動而
赤裸的肉體時所感得的美，這種美的沈醉的歡欣，……美
所引起的美妙的驚心動魄……溫暖的生動的接觸之美，比
之眼見的更深厚得多。

　　這種對純潔的肉體愛撫的生動的描繪，使人們不但感到強
烈的愛情情欲，也感受到生動的形體之美，如果說觸覺是最原始
最無理智的感官，那麼在動物的性選擇中只是一種純粹的肉體直
接刺激。而在人類的性選擇愛撫中，這種觸覺又是與最高級的感
官視覺緊密結合在一起的，因此這是一種充滿了靈性和理智的感
覺，正是這種靈肉交融的感受的積澱才可能使人們在造型藝術和
實體的形體美中，感受到生動的強烈的異性之美。而羅丹在撫摸
維納斯塑像時甚至會感到一種體溫。

②　嗅覺與性選擇及形體美感

　　嗅覺從觸覺分化而來，我們之所以談嗅覺而不談味覺，是因
爲一則，所謂味覺大部分還是通過口腔的後鼻孔所傳達的嗅覺，
以及舌蕾的觸覺的作用。二則，味覺是人生另一大欲望—飲食的
工具，就形體美感而言，味美的距離更遠。在動物界，嗅覺的性

刺激力量往往大於其它官能的刺激。雌性動物在發情期會施放出特殊的氣息即"發情氣味"。而施之類似的模仿氣體也會使那類雄性動物趨之若鶩。動物甚至能辨別女人的氣味。長期在動物園裏從事獸醫工作，對動物具有可靠而敏銳的觀察力的尤何特曾向達爾文證明：各種四肢類動物的公獸，無疑地都能將女人，首先是根據她們的氣味，然後是根據她們的外貌，與男人區別開來。

嗅覺在人類的進化中大為退化，成了輔助性的認識感官，它傳達的認識相當模糊而伴隨的情緒相當濃厚，因此，有許多作家把它叫做想像力的知覺。儘管在人類性選擇中嗅覺的地位已退居視覺之後，但仍有相當大的作用。首先，無論男女，身上總有幾分氣息，這種氣息往往因其年齡及種族而有所不同。古希臘名醫希波克拉底斯（Hippocrates）在兩千多年前就認識到凡是和性有關的氣味總要到青春期才取得成熟的種種特點。貿寧（Monin）甚至說，在相當程度之內，我們可以根據一個人的氣息來判斷他的年齡。體臭的成熟是與人的第二性徵如毛髮和色素等發展並進的。意大利的樊篤利（Venturi）就把體臭歸為第二特徵的一種。文學描寫中經常出現的所謂"少女特有的氣息"、"青春的芬芳"、"男子漢氣息"等就是這個意思。

其次，不但男女兩性的氣味有所不同，而且，青春期的少男少女所喜好的氣味也需發生變化。此前對甜味和水果香的偏好到性成熟時逐漸減弱，此時的青少年愛上了花香味和麝香味。兩性都發生這種變化，但男性對麝香味的反應比女性強烈。我們知道，不同年齡的化妝品的氣息是不相同的。但異中有同的趨勢是：越接近性成熟的年齡所用的化妝品的香型也愈具有性刺激的意味。

嗅覺的性選擇心理機制，就氣息客體而言，就是由於體內的許多小型的腺體—泌離腺。泌離腺集中於腋窩和生殖器。在性衝動時，泌離腺發生的氣味有所增加，據莫利斯確認，女性的泌離腺比男性多75%。就嗅覺主體而言，無論男女，鼻子裏，嗅覺和黏液膜和整個生殖器官有一種親切的"交感"關係。也許是中醫所說的"任脈"在起作用，因此某些氣味能引起特殊的性反應。

值得注意的是，與動物相比，人類的嗅覺的對象的體位有了變遷，這對象本來是在下半身或後半身的性的區域，而到了人類便移向上半身了，體臭的性誘惑到了人類，就不以胯下發生，而從腋下發生，腋下成爲主要的源泉。這在性行上似乎是適應了面對面性交的變化，而與人體的性刺激集中在身體正面的總趨勢有關；在形體美的性選擇上，則似乎是與視覺相應，把注意力由不甚太美的第一性徵轉向了更具性魅力的第二性徵。

特殊的體臭是性選擇的一個重要因素，這種性激因素一般說來，愈在原始時代愈強調。然而在文明社會裏仍發揮著奇異的作用，意大利人類學教授加扎曼泰在《性愛—巨大的力量》中曾指出，在一些幾千年前原始部落的遺址裏還可以發現某些催欲香水的罐子，這種罐子甚至可以在最貧窮的茅舍裏找到。而現代社會千姿百態的化妝品，其實正是這種原始的催欲香水的進化，有著同樣的性選擇功能。由於嗅覺提供的認知模糊而情緒強烈，於是，體臭雖然不一定能增加形體美，卻能間接地加強形體美感與性選擇魅力。

歷代受寵的美人似乎必然地帶著某種體味，中國古詞"溫玉軟香"常被用來形容佳人，其中就突出了體香。這種體香的記載在中國文獻中數不勝數。例如：伶玄《趙飛燕外傳》說，飛燕和她的妹子合德的一大分別以及合德所以獲取漢成帝寵愛的一大原因就是這種體香，"后浴五蘊七香湯，踞通香沈水座，潦降神於蘊香，傳露華百英粉。帝嘗私語樊嬺曰，后雖有異香，不若婕妤體自香也。" 冒襄《影梅庵憶語》講到和董小宛閨中品香之樂說，沈水香結而未成，"如小笠大菌，名蓬萊香，餘多蓄之，每慢火隔砂，使不見煙，則閣中皆如風過伽南、露沃薔薇、熱磨琥珀、酒傾屛罳之味；久蒸衾枕間，和以肌香，甜艷非常，魂夢俱適"。清代野史所盛稱有香妃，某段記載說 "四部王妃某氏者，國色也；生而體有異香，不假薰沐，國人號之曰 '香妃'。或有稱其美於中土者，清高宗聞之，而師之役，命將軍兆惠一窮其異"。清諸晦香《明齋小識》（卷三）記："姻戚某夫人竟體生妙香，中裙廁牏經瀚濯，香恒不減"。

從這些記載中我們可以看到：㈠中國古代十分重視體香，尤其是女子的體香，爲的是在性選擇中受寵，爲此，有過種種的結香方法；㈡與人爲化妝的香味相比而言，女子天生的體香更爲奇妙可愛，更易受寵。漢成帝寵合德、遠飛燕的原因就在於此。清高宗竟因香妃的體香而興師動兵，其動機可謂與爲劫海倫而導致的特洛伊戰爭相媲了。

遼耶律乙辛有《十香詞》，共十首，全是描寫女子體臭的，每首描寫身體的一個方面，按序髮、乳、頰、頸、舌、口、手、足、陰部，以及一般體膚，原詞是這樣的：

青絲七尺長，挽作內家裝；不知眠枕上，倍覺綠雲香。

紅綃一幅強，輕闌白玉光；試開胸探取，尤比顫酥香。

芙蓉失新艷，蓮花落故妝，兩般總堪比，可似粉腮香？

蜻蟀那足並？長鬚學鳳凰；昨宵歡臂上，應惹領邊香。

和羹好滋味，送語出宮商；安知郎口內，含有暖甘香。

非關兼酒氣，不是口脂香，卻疑花解語，風送過來香。

既摘上林蕊，還親御院桑；歸來便攜手，纖纖春筍香。

風靴拋合縫，羅襪卸輕霜，誰將暖白玉，雕出軟鈎香？

解帶色已戰，觸手心愈忙；那識羅裙內，銷魂別有香？

咳唾千花釀，肌膚百和香，元非瞰沈水，生得滿身香。

③ 聽覺與性選擇及形體美感

藹理斯認為，生物主要的生理功能都是有時期性或周期性的，所以節奏的原則很早就自然而然地深深印在我們的個體身上。結果，外界的刺激只要是以輔助或加強神經與肌肉的節奏傾向的，對生活都有一種切實的力量。神經與肌肉系統直接或間接受音樂刺激的時候，循環和呼吸系統也有著反應。就性選擇來說，兩性彼此都能利用自己身上發生的自然聲音來吸引異性。關於這一點，達爾文在《人類的由來》中有著詳盡的調查論證，他不僅認為動物尤其是鳥類常常以音節來求偶，而且認為，就人類而言，"音律和節奏首先由人類的男祖先或女祖先作為引誘異性的手段而取得的特徵"。[26]藹理斯也有類似的推論，即"在雌性方面，對於雄性的喉音的性的意義，總有一種感受的能力……這種感受能力到了有文化的人類，便轉移到一般的音樂上去。"[27]

我們注意到，人類在發育上有一個特點，這就是，到發育期，喉頭和聲帶都要經歷一番顯著的性的分化。這種分化與性選擇有

---

[26]　《人類的由來》，883頁。

[27]　《性心理學》，63頁。

著內在的聯繫。在這年齡階段裏，男子的變化非常之大，喉頭長大，喉帶突出，聲帶變厚，喉音也變得沉著，這種前後的變化簡直可以降低一個八度音程。而女子的這種變化就比較小，女子的喉音始終保留著童音的特色，因而，兒童影片的配音演員都是女性。聲音是重要的第三性徵之一，聲音在性選擇中具有極大的魅力。冒爾在《性愛之研究》中說過："從耳朵裏傳達進去的性的刺激是多而且有力，其多而且有力的程度要在我們平時想像之上"。對於這種刺激，女子的感受更加強烈，因而有俗語說，"女子用耳朵來戀愛"。在某種情況下，男子的聲音比其相貌具有更大的吸引力，某些女子往往是迷戀男子沉厚的聲音而陷入情網的。據筆者所接觸，女大學生對於譯製片的配音演員特別熟悉，有些片子，與其說她們是喜歡片中男主人公的形象，倒不如說更在於喜歡片中人的配音，這也可以看出聲音在女子性選擇中的地位。在女子寫的小說中，我們往往發現作者特別注意到男主角的喉音的特色和女主角對它所發生的情緒上的反應。究其原因，一則聲音固然可以體現出氣質，男子喉音的渾厚是從容沉著氣質的一種表現。更重要的原因也許在於發育上的性魅力，這點我們可以從太監的尖嗓子惹女性討厭中得到反證。太監由於從小被閹割，身體發育不正常，缺乏性能力，其心態也往往變得古怪陰毒。對太監嗓音的反感便包含身體和氣質的兩種因素。反之，自然發育正常，並且優越的男子，由於生理的有機性，魁梧的身體往往輔之以渾厚的嗓音，因此這種嗓音似乎也成爲形體美的一種有機因素。

④　視覺與性選擇及形體美感

視覺是人類接受外來印象的第一渠道，就人類性選擇來說，視覺更是一個至高無上的官能感覺，視覺又是審美的最主要官能。由於在性選擇中的視覺的對象客體等於整個地涉及了形體的性特徵和形體美，這點我們將集中到下一章討論。在此，我們主要談談視覺作爲感官主體本身在性選擇和形體美方面的意義。

我們之所以說視覺是性選擇的至高無上的官能感覺，這最先是因爲，對於人類來說，視覺能接受最廣泛、最豐富的性信息，由於人類嗅覺在進化中的相對退化，視覺就成了最主要的性信息源。對於人類視覺來說，異性的整個體表都能發生性的信號。每種輪廓、每道線條、每塊肌肉、每種膚色對於有興趣的觀察者都是一種性的信息。尤其是第二、三性特徵所在，如女性的酥胸、豐臀、纖腰、修腿、纖手、紅唇、美目以及柔美的體態、苗條的身材、綽約的風姿，男性的寬肩厚胸、堅臂勁足、隆鼻深目、濃眉青鬚以及魁偉的身材、挺拔的體態、瀟灑的風度等等，都能令異性的視覺迷戀。此外，身體的各種裝飾也是視覺的信息。

其次，視覺又是一種最有理性的感官，與觸覺的直接肉體接觸和嗅覺的直接化學反應不同，視覺在接受性信息時總是與信息物保持著一定距離；觸覺和嗅覺提供的認識總是相當朦朧原始的，聽覺提供的認知也須經過間接的想像，而視覺的認知是最明確的。由於一定的距離和明確的認知，視覺在一切官能感覺中最具備選擇的能力。正是由此，人類的性選擇水平大大高於一切動物。

再次，視覺在性選擇中還是最有審美尺度的官能感覺。視覺本身就是最重要的審美感官。在性選擇中，視覺不僅能接受和辨別性的信息，更能接受和辨別美的信息。人類的視覺在長期的生活實踐中還形成了一種獨立的形式美感，這種形式美感作爲內在的人體審美尺度，對人類的形體美和性選擇有著極大的影響。人類不光欣賞異性的形體美，還常常借助鏡子自照，一方面根據形體美尺度修飾自身，另方面也欣賞自身的美。正是由於視覺成了人類最重要的性選擇感覺，形體美在人類性選擇中的價值和地位也就更加突出。

另外，視覺主體本身，就是一種相當明顯的性信號。眼睛作爲一種形體特徵具有相當的吸引人的性魅力。《詩經•碩人》寫美人，前面對美人的頸、膚、頰都作了鋪敘，然而給人的印象並不深，最後"巧笑倩兮，美目盼兮"，才畫龍點睛，把水靈靈的一個美人兒活脫脫地畫出來了。戀人之間的相戀往往就始於那冥冥默默然而震撼人心的一瞥。外國現代心理實驗表明，觀察惹人喜愛的對象時，主體的瞳孔會不知不覺地放大，而這種放大了瞳孔的眼睛在對方看來又特別地具有魅力，這就是所謂的"瞳孔信號"。幾百年來，意大利的交際花就懂得應用一種植物所研磨成的藥粉，揉進眼睛，使瞳孔看起來比常人來得大。由於這種藥粉能使她們倍添嫵媚，因而稱爲"貝拉多娜"即美麗的女人。這也是戀人之間常互相凝視的原因之一，他們在不知不覺中觀察對方瞳孔的變化。女性的瞳孔在含情脈脈時會比平常擴大，而她的男伴的瞳孔也會受到感召，相應變化。在美國婦女雜誌最近的一次投票表態中，眼睛被公認爲是男性最富有魅力的特徵。"只要看一眼男子的眼睛"一位女大學生說，"我就知道，我是否對他感興趣"。匹茲堡一位女大夫補充道："假如他的眼睛四處張望，神志緊張，就是一種缺乏自信心的表現。作爲一個男人，不能維持自己的眼神，他就是一個潦倒的人"。此外，諸如動不動就流露出色欲，所謂"色迷迷"的男人，也往往被女子討厭。

⑤ 直覺、想像、情感與性選擇及形體美感

人類性選擇中的心理活動和心理機能還有一些更爲複雜的因素，比如直覺、想像、情感等等。直覺又稱之爲"第六感官"，這是一種貌似超乎五官之外而其實介於五官之中的綜合反映能力，它可以說是一種下意識的理性，近乎本能狀態而又閃爍智慧之光的知覺力。直覺看起來是盲目的，瞬間形成的，其實往往可能已經積澱了主體屆時爲止的全部生活活動與感受。直覺還往往能擺脫社會慣常的和流行的理性的偏見，以深切中肯的敏感把握對象的形象與實質。在人類的性選擇中，往往存在著"一見鍾情"的現象，在"一見鍾情"中起作用的就是直覺。當某位男士或女士感受到某位異性的不可捉摸的吸引力的時候起作用的往往不是單一的感覺，而是一種深含的直覺。直覺對於"美麗的體態"的把握順理成章，美本身就能提供人不加思索的享受，直覺也能把握性的精神氣質。

想像與情感在性選擇中亦起著重要作用。想像可能超於性選擇之前，青年人的心目中可能會想像一位異性的偶像，以此作爲性選擇的標準或模特；可能作用於性選擇過程中，如對對方的身份背景的想像可能會影響對方的形體感受，也可能作用於性選擇失敗之後，比如失戀後的單相思。這種想像又會影響繼後的性選擇。想像中可能包含錯覺，比如塞萬提斯筆下的唐·吉訶德，一心崇拜著他那位美麗無比的公主，其實那是位醜陋不堪的村姑。這裏就有情感在起著作用。情感，就一般的對異性嚮往而言，起於性選擇開始之前；就對特定的異性傾慕而言則起於性選擇開始之後，這種情感一方面可能使性選擇雙方更深切地感受對方的魅力，

另方面卻可能使性選擇雙方在形體美方面失去客觀的尺度而陷入某種近似主觀幻覺的感受。 "情人眼裏出西施" 即是這個道理。因爲人類的性選擇與動物不同,動物僅僅是一種自然的選擇而人類則是自然和社會雙重性的選擇。

四、性特徵與形體美

性特徵依據是人類學的標準，形體美則隸屬於美學的標準，這兩種標準之間的內在聯繫是什麼？形體美有哪些源自性特徵並以之為基礎的因素，而對性特徵又有哪些超越？這是本章我們所要關心的。

1. 性特徵與形體美的關係

所謂性特徵，按性科學講有三種，第一性徵是指由遺傳決定的，而在胚胎期及新生兒身上表現出來的兩性生殖器官在構造上的差異；第二性徵是指兩性青春期形成的除生生殖器以外的身體其它方面所具有的性別差異徵象；第三性徵是指兩性在行為性格方面具有的性格差異徵象，是指行為、性格方面的男性化或女性化也即兩性氣質、風度等心理因素體現出來的特徵與差異，就形體而言第三性徵主要指兩性在體態、風度、氣質表情方面的特徵與差異。

我認為，形體上完善的性特徵是形體美的內在基礎和必要條件，但不是充分條件，也就是說無之必不美，有之未必全美。所謂"無之必不美"指的是如果位個體在形體性特徵上不男不女

或者男女性特徵不明顯，一般說來其形體難以稱美，也較難博得
正常異性的直覺上的喜歡，這種不男不女或男女性特徵不明顯者，
就生理學和人類學意義上講，就是種屬的性能和種屬的尺度的不
完善。借用康德的術語，性特徵的完善可謂是一種 "客觀的合目
的性"，也就是人作為一種生物的種屬和社會的主體的符合客觀
實用機能需要的表現。作為一種生物種屬，男女的性特徵是延續
種屬能力的標誌。作為社會主體，男女性特徵也是其承擔社會性
角色能力的一個重要標誌。美作為包含著肯定性社會價值，能夠
引起人的特定情感及反映的具體形象，形體美又是作為體現著肯
定性社會價值的基本部分——生命價值，能夠引起人的最強烈的
情感反映——異性親和反應的人體形象，自然要以人的種屬能力
種屬尺度的優越、完善與健康作為內在基礎或必要條件。這點也
是由動物到人類的長期的自然進化與性選擇的結果，在這點上甚
至存在著許多人獸相通的情況。藹理斯指出：自然界裏人類所認
為最美麗的東西全部和性的現象或性的衝動有聯帶的關係或因果
的關係。❷❽比如植物界的花開花落就是例子。動物界的事實更多，
英國動物學家普爾頓（Poulton）說過："雄雞的歌聲和羽毛，
一面固然可以打動母雞的求偶的衝動，但在人類看來，也是十有
八九認為是最可愛的。" ❷❾達爾文更是作了詳盡的引述。

　　進入到人類，在男性美和女性美的標準裡，性特徵自然是形
體美一個最基本最重要的成分，這點我們可以通過現存的原始時
期的諸多雕像和壁畫得到最直觀最鮮明的印象。從一個原始人的

---

❷❽　《性心理學》，66頁。

❷❾　《動物的彩色》，1809年。

目光看，一個可愛的女子無疑應是性特徵特別發達的女子。因爲只有這樣的女子才能承擔生育與哺乳的任務；同樣，勇武粗壯的男子才是受青睞的對象，才是最具男性美的，因其不但在性的能力上可以做一個健全的配偶，且在一般的體力和生存能力上，可以做一個女子的強有力的保護者。因此，在原始的野蠻民族裡，第一性特徵往往成爲可以艷羨的對象，甚至成爲崇拜的偶像，世界各地發現的原始藝術作品無不刻意誇張性器官，突出性特徵；而在原始的或是現存的野蠻部落裡仍存在的一些旨在激發性衝動，表現性崇拜的舞蹈裡，性特徵乃是表演者著力與觀賞者著意的重心。甚至在現代的舞蹈中，仍不失這種現象。因此，形體美往往內在地與人類這個種屬的 "心理效益" 的體現——性特徵相聯繫。

然而，問題的另一面是，性特徵之形體美 "有之未必全美"。正如《情愛論》的作者瓦西列夫所說： "生物學上的合目的性猶如強有力的生命之根，經常爲絢麗多彩的美提供無形的瓊漿。但是，美的魅力的誕生本質上是一個深刻的社會過程" ⑳。這個社會過程超越了生物的合目的性機制，高於機體的本能和無條件反射。美是在人的社會化，在勞動和各種創造性活動的價值關係的產生，在意識的形成以及作爲反映現實的高級形式的意識所具有的相對獨立性的發展過程中歷史地形成的。高級動物的純粹本能的、無條件反射型的性選擇，到人類發展成了心理化、審美化的性選擇，而這種性選擇的心理化和審美化隨著人類由野蠻到文明的發展不斷地自覺強化。因此，在人類，性特徵雖然仍是形體美的內在基礎和必要條件，但已不是唯一因素和充分必要條件。人類的形體

---

⑳ 《情愛論》，192頁。

美，除了性特徵外，還有一個非常重要的因素，那就是形式美。這種形式美，就其來源，無論從人類總體還是從個體而言，都往往可就先從人體自身合理的造化、和諧的結構中獲得最初啓蒙，而在實踐中推之它物，逐漸成爲一種獨立的感受，觀念和尺度，反過來作用於人類對自身形體的感受與評價。

　　比如，整體和諧作爲一種形式美感就在形體美中起著相當大的作用。某個形體美，就其性特徵本身也許是很突出很完善的，但與形體整體比例不和諧，便不認爲是美的，過分突出而缺乏自身和諧感的性特徵也不被認爲是美的。現代女性已不再以誇張的"豪乳"和"巨臀"作爲形體美的標誌。我們可以從許多裸體藝術作品中，感受到性特徵與形體美的異同。作品中的女性其性特徵往往都相當成熟明顯，這是女性形體美的內在基礎與必要條件，但其中仍有很大的差別，有的女性性特徵明顯且線條柔和整體比例和諧，這就給人女性的美感，有的女性雖然性特徵同樣明顯，然顯得過於壯拙線條相對粗獷，顯然缺乏女性特有的優美之感。

　　還是借用康德的術語，如果說性特徵的完美可以算是"客觀的合目的性"，那麼形體美就是"主觀的合目的性"，前者是指自然界有機物各有本質，如果它們的結構形式符合它們的本質，它們就是"完善"的而不是畸形的有缺陷的。這是可以從概念上認識到事物形式符合它們自己的目的，因而顯得是"完善"的，這是審目的判斷。後者是事物的形式符合我們的欣賞習慣，它們具有某種形式才便於我們認識到它們的形象，並感到愉快。這種"目的"不是作爲概念明確地認識到，而是從情感上隱隱約約地感覺到，這種從情感上感覺到事物形式符合我們的欣賞習慣就是審美判斷，這也就是爲什麼對於性特徵我們可以有個明確的概念尺度而形體美都千差萬別，往往只可能意會而難以作定量分析原因所在。我們在人類性特徵和形體美的關係發展中可以看出這樣一種趨勢，即在性特徵作爲一種生物學和人類學基礎始終潛在地起作用的前提下，形體美的焦點已由人的第一性徵轉到第二性徵，集中於第二性徵並逐漸地強化著第三性徵的意義。然而，第一性徵仍在頑強地以其特有的魅力改頭換面地表現著自己，所謂在人類自然進化過程中身體對性器官的"自我模仿"和社會整飾過程中的某些人體裝飾其實正是第一性徵作爲形體美潛在力量的換形體現。

例如，就女性而言，據國外某些生物人類學家的研究，外翻的粉紅色雙唇與圓形的胸部，就是模仿陰唇與臀部的產物。女性外翻的雙唇非常明顯，在性欲抗奮時，它們會變得飽滿而紅潤，這些皆與性器官的特徵類似。除了這種自然的"自我模仿"外，人類還追求人爲地裝飾來突出這種模仿。幾千年來，女性在雙唇上塗擦各色唇膏使之更加鮮艷奪目，廣告上的女郎往往微張雙唇，暗示"性"的呼喚，亮麗唇膏畫出的雙唇更有滑潤的意味在內，而口唇銜烟或香蕉這一類的廣告更是直接模仿兩性第一性徵的直接接觸乃至性行爲。再如，女子的耳垂在生理上並無重要功用，因而在達爾文看來是一種"殘留結構"。而我們如果參照"自我模仿"理論便不妨認爲女子的耳垂也是一種性器的"自我模仿"。許多文化現象正是把耳朵當作女性生殖器的像徵，比如印度太陽神蘇列雅的兒子卡納傳說便是從耳朵裡出生的；有些文化中，以傷害耳朵取代女性的割禮，古埃及婦人與人通姦，其懲罰方式是割去耳朵，凡此種種都是以耳朵取代生殖器，《醫學人相術》上有所謂"耳爲女性相"的說法，也可謂不謀而同。進而我們可以發現，古今中外，幾乎所有的少女都喜歡在耳垂上穿孔，再戴上耳環，這穿孔和戴環也許也正有著某種 "性的暗示"。

　　男性身上的性器官 "自我模仿" 似乎不甚明顯，但許多醫生和科學家依舊相信，男人的鼻子是性器官的主要像徵。男子身體正面的中央線上有兩個突出的部位，一個是鼻子，一個是陰莖，鼻子的大小與性器官的大小有相關性，鼻子的形狀與性器官也有著某種不言而喻的相似性。古羅馬時期的人們認爲男子的鼻子就代表他的精力，含讚美之意，而性犯罪則常以割鼻作爲處罰方式，其中不乏濃厚的像徵意味。現代女性崇尚男性的深目隆鼻，雖並不一定有自覺的性意識，但潛在性信號仍是起著作用的。而男子近代的主要裝飾品之一——領帶，不管其起源的直接用意是什麼，細細想來，領帶的功能實在避免不了有 "自我模仿" 的成份，懸垂而挺拔的領帶與男子的性器確實有著某種暗示性的聯繫。

　　我們對人類性特徵和形體美的一般聯繫略作探討之後，便可轉入對男女兩性的性特徵與形體美的具體關係及其表現的分析了。

2. 女性性特徵與女性美

　　就美的狹義的古典的內涵——優美而言，美其實是女性形體特有的品質，英國美學家柏克在《論崇高與美兩種觀念的根源》中所分析的美的特徵，諸如嬌小、光滑、逐漸變化、不露棱角、嬌弱以及有鮮艷而不造成刺激的色彩等等，正是女性美的一些基本品格。女性形體美的這些品格正是與女性的性特徵相對應的。

① 第一性特徵與女性美

女性的第一性徵集中在下身陰部三角形的區域，由於文化的原因，這一區域被視作是神聖而又神秘的，令人著迷而又令人敬畏的"女性三角形"。在人類發展的早期，曾有過生殖器崇拜時期，當時女性的魅力就集中在這神聖的"女性三角形"，而性的審美活動直接與第一性徵相連，據藹理斯稱在有些原始或半原始的民族裡，女性生殖器的一部分，如大小陰唇及陰蒂，特別要用人工放大，越放得大越是令人艷羨，生殖器成了與情欲混爲一體的審美的直接對象。隨著人類性禁忌和羞恥感的產生，無論男女第一性徵通常都不再作爲直接的審美對象，在生活中生殖器不再直接顯露，在藝術中，語言藝術一般也不直接描繪這一部位，裸體的造型藝術或是淡化這一部位，或是不露聲色地在這一部位附著一些花草、紗中飄帶，或是恰到好處地讓作爲作品中主體女性以特有的羞澀悄悄用手遮住或用腿夾住這一部位。總之，在文明人的習俗中，第一性徵作爲審美對象被悄悄轉移了。對於這個過程我們將在第六章中作更詳細的回顧。在此，我們只是從形體美與性選擇的角度簡單而率直地探討一下它所具有的實際的審美價值及它在文化禁忌下的表現。

在一個裸體女子身上，最引人注目的就是富有女性魅力的挺拔豐滿的圓乳和長著一些柔軟小卷毛的陰阜。乳房屬於第二性徵，陰阜和陰門則是第一性徵之所在，女性形體周圍優美奇妙、柔滑流暢的曲線正好匯聚於這兩腿交叉之上微微隆起的小丘，卷曲的陰毛又爲之增添了神秘而又迷人的色彩，無論是面對實體還是藝術作品，人們的目光總會不由自主地被引往此處，張賢亮在《男人的一半是女人》中就是這樣描寫的：

> 她整個身軀豐滿圓潤，每一個部位都顯示有韌性、有力度
> 的柔軟。陽光從兩堵綠色的高墻中間直射下來，她的肌膚
> 像綳緊的綢緞似地給人一種舒適的滑爽感和半透明的絲質
> 感。尤其是她不停地抖動著的兩肩和不停地顫動著的乳房，
> 更閃耀著晶瑩而溫暖的光澤。而在高聳的乳房下面，是兩
> 彎迷人的陰影。……開始，我的眼睛總不自覺地朝她那個
> 最隱秘的部位看。但一會兒，那整幅畫面上彷彿升華出了
> 一種什麼東西打動了我……

　　勞倫斯在《查特萊夫人的情人》中則把這部位描寫爲："身
上最生動的地方"。如果不帶占有者的邪念，這個部位仍是以其
特有的引導曲線和微妙起伏而具有特殊審美魅力的。微妙的是，
這一部位在著了緊身服飾之後仍能在外部輪廓上顯示它的魅力，
也許，這正是泳裝、芭蕾舞褲、健美褲等相當大部分的魅力所在。
　　如果說陰阜尚能因其外部輪廓而進入由審美領域的話，那麼
陰門則是更加隱蔽而不作雅觀了。除非是《我的秘密生活》（My
Secret Life）這類最著名的直接描寫性生活的"性小說"，才
可能出現諸如"輪廓鮮明的陰唇，帶著條紋縱切的陰唇，有著許
多片狀懸垂物的陰唇，瘦削的陰唇，飽滿的陰唇和噘凸的陰唇" ❸
之類"大逆不道"的分類與描寫，按正常的文學習慣，是斷難表
現的。即使《〇的故事》（Stroy of O）與《偶像》（Image）

---

❸　《Sexual Fiction》

這類著名的 "性小說" 也主要是以 "玫瑰花" 這樣的意象來像徵地表現。在造型藝術中，對此也諱莫如深，然而以花像徵或暗示的表現還是頻頻可見。總之，在文明社會，女性的第一性徵一般已不作爲審美對象，但這並不完全抹煞它特殊的審美魅力，而且它確實有著轉頭換向的表現。前面說過的 "自我模仿" 即是一種。

② 第二性特徵與女性美

如果說女性的第一性徵屬於忌諱，第三性徵又難免綽約，那麼，女性的第二性徵之美，由於具有外在和直觀的特點，可以說是女性形體美的集中所在。與男性相比較，女性在形體美方面的主要第二性徵表現是：苗條豐滿而流暢起伏的體型曲線，柔嫩細膩而又富有彈性的肌膚以及鬆軟飄逸的頭髮等等。形體上這些性徵的成熟與完善，以人體內 "荷爾蒙" 性激素的恰當的刺激和抑制爲生理基礎，這種作用的過多或過少都會影響第二性徵的完善及形體的完美。而這些第二性徵之所以能表現爲特殊的女性形體美，表現出極大的女性性魅力，又是以男性對女性形體曲線的特殊的視覺感受和對女性肌膚脂肪的特殊觸感覺及其經驗爲心理基礎的。

在女性第二性徵中，最有魅力的莫過於乳房了，可以說，由豐滿的乳房和臀部體現出的女性形體的線條美，正是女性美特有的標誌。日常生活中，女性最易受異性注目的視點就是乳房。語言藝術中對女性美的描繪絕對少不了誘人的胸部，在所謂 "魅態攝影" 或 "人體藝術" 中，女性的形體魅力焦點更是非乳房莫屬。

讓我們稍稍回顧一下歷史，從野蠻人到文明人，無不把女性的乳房作爲對女性崇拜與審美的主要對象。自舊石器時代晚期，造型藝術中就突出了對乳房的表現，如法國出土的《羅塞爾的維納斯》，奧地利出土的《維倫堡的維納斯》和意大利出土的《古里馬爾蒂的維納斯》等等，這些最早的女性裸雕最大的共同特點就是突出地誇張了乳房及臀部，尤以乳房為最。公元前四世紀左右古希臘時代的《米洛的維納斯》至今仍被當作愛和美的無上像徵，其乳房豐滿勻稱，大小合宜，正是這座"不可企及"的美麗女性的"美點"。自文藝復興以來，女性乳房更是作為生命、青春、愛情和女性情感力量的代表得到無微不至的表現。在阿道夫•威廉•博格洛的《與愛神抗爭的少女》中，一望即知少女那向著愛神的青春熱情的像徵就是最醒目的乳房。在安格爾的《泉》中，裸露的乳房正好置於畫面對角線上"最黃金"的位置，在另一對角線上與同樣位置相對應的是一個形似乳房的水罐，裸女以優美的姿態側舉著水罐，泉水似瀑布般向下流瀉，正像徵著乳房是生命的源泉和延續。

女性乳房之所以被男性乃至全人類接受青睞與崇拜，除了它是哺育的器官、生命源泉的像徵外，還由於，在性選擇的機制中，就觸覺而言，對作為女性第二性徵又是女性主要性感區的乳房的撫摸是愛情與夫妻性生活的極為重要的內容；就視覺而言，乳房正處於女子形體的黃金分割點，它在頭部和臀部的陪襯下醒目動人，線條起伏流暢並統領全身，而且由於在人類"愛神正面式"中，乳房在女性體位上離男性最近而使後者最感親切。

據生理學家研究，凡乳房豐滿、發育完好、乳頭如珠，色素正常的，其卵巢子宮也必發育正常，性感良好。然而乳房不僅是情感的標誌，而且是健美的標誌。那麼，何種形狀的乳房最為健美性感呢？由於文化傳統和審美習慣的不同，不同民族對乳房健

美性感的標準也不盡相同，比如東方女子一般以勻稱堅挺的乳房
為美，西方則有人欣賞豐滿懸垂的乳房，當然，這種標準隨時尚
的變遷也不斷變化。在解剖學上，一般根據乳房的高度分為三型，
即扁平乳房、鐘型乳房、圓錐乳房；根據乳房的硬度又分為三型，
即懸垂乳房、下降乳房、堅實乳房。（參見下圖）

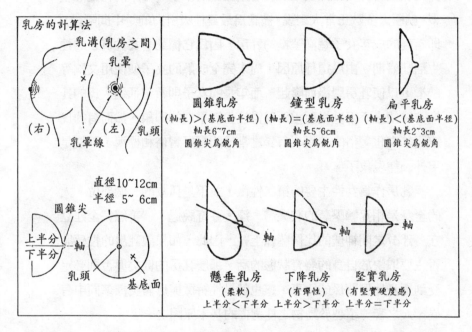

乳房的計算法

從一般的性選擇和審美角度而言，鐘型而且堅實的乳房最為
健美性感，這種乳房周圍的半徑高而均等，胸肌發達而富有彈性，
上乳腺有豐滿的組織，狀如蘋果或鐘鈴，兩乳之間有一道非常誘
人視覺和觸覺的乳溝。為藝術家們推崇倍至的"米洛的維納斯"
女神像，就具有一對這樣的乳房，這種乳房很早被人譽為最理想

的乳房形態，至今猶爲乳房的典範。相對而言，扁平乳房由於缺乏起伏感，懸垂型則由於過於鬆弛，在美感和性感上就相對遜色。

　　從乳房發育過程來看，有這樣三個階段：未成熟的少女乳房很小，多爲扁平型；年輕的成年女子乳房堅挺而向前突起，多爲鐘型和圓錐型；年長女子的乳房則鬆弛而下垂，由下降轉爲懸垂型。就極大多數正常人來說，被認爲最具性吸引力的是中間階段，即年輕的成年女子豐滿堅挺的乳房，因爲它標誌著女性眞正的性生活旺盛期。由於這種原因，尚未完全成熟的女子便使用文胸等墊襯，以使乳房豐滿而隆起，而年長的女子則希望通過人爲的托襯方法使之不下垂從而重新獲得性生活早期的印象。然而有的民族因其文化習俗的差異，有異之常情的喜好習俗和標準，那便是另外一種現象了。

　　乳房作爲女性主要的第二性徵，並不是孤立的一個部位。人的全身是相互聯繫著的有機體，達·芬奇說過："美感完全建立在各部分之間神聖的比例關係上"，因此，如果說乳房的性感與否主要取決於自身的發育狀態的話，那麼乳房的健美與否則必定受到全身比例關係的約束，這也就是性特徵與形體美標準同中有異、人之審美超越於動物之性選擇的基本原因之一。

　　按高等藝術學院作人體素描所依據的人體正常比例，人體總長爲七個半頭高。多數現代藝術家，加長了身高，把人體長度定爲八個半頭高，這就是理想比例。（參見下頁圖）

　　女性身體較寬，最寬處爲兩個頭寬，腹爲一個頭寬。從腳向頭部算，乳房位於6 1/6處，乳房下緣位於6 1/3處，乳頭與肚臍相距一個頭長。人體長度和各部位的長度比例，是由骨骼系統先天決定的，和諧合理的人體比例正是人類自然進化和性選擇的結

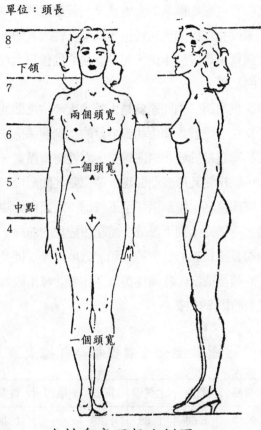

單位：頭長

8

下頷

7

兩個頭寬

6

一個頭寬

5

中點

4

一個頭寬

女性身高理想比例圖

果。處於女性身體最突出部位的乳房在人體中的位置就特別重要，乳房下垂就會改變軀幹的上下比例關係，破壞理想的人體美。就性選擇和性活動來說，乳房的恰當位置一般而言正是最便於男性撫觸的部位，乳房的堅挺隆起，則加強了男女身體接觸的張力，造成一種既親近體貼又支撐抵觸的張力感受，增加了兩性間的吸引力。據人類學研究，人們發現乳房的位置高低受著地理種族的影響，文明程度高的區域的女性比文明程度低的區域的女性乳房位置高，未開化民族的乳房較低，歐美女性的乳房多居上位，而動物的乳房則更是位於下位。可見乳房的體位很大程度上也正是種性選擇的結果。

人體比例的第二個問題就是人體幾大部位之間的粗細比例關係，正是女性形體五大部位和諧美妙的比例關係形成了女性軀體特有的柔和圓潤富於變化的曲線美。女性肩窄髖寬，頸項纖細，乳峰突出，側視雙乳形成凸曲線，俯視雙乳間形成凹曲線；腰肢窄而圓，臀部豐滿，腹部微平至下腹部稍隆而與大腿根形成柔軟的腹股溝，這樣從上到下形成多處起伏變化的曲線，給人柔美的感覺。根據我國民族的體型特點和北方地區參加健美鍛鍊的20～35歲女子的體型情況，我國性美學工作者計算出較為合理的普及型女子體型的標準數據。

普及型女子體型標準數據表

部位	身高	體重	上臂圍	胸圍	腹圍	臀圍	大腿圍
比值	2.53	1.68	0.38	1.35	1	1.38	0.82

上表中，體重比值允許範圍為±0.05，其他各項比值允許範圍為±0.01。

例如某女青年身高165厘米，則理想的體態指標應當是：

理想體重：165：2.53＝X：1.68
　　　　　X＝109.6（市斤）允許範圍106.3～112.8斤

理想上臂圍：165：2.53＝X：0.38

　　　　　　　X＝25厘米　　　允許範圍24.1～25.4厘米

理想胸圍：165：2.53＝X：1.35

　　　　　　X＝88厘米　　　　允許範圍87.4～88.7厘米

理想腹圍：165：2.53＝X：1

　　　　　　X＝65厘米　　　　允許範圍64.6～65.9厘米

理想臀圍：165：2.53＝X：1.38

　　　　　　X＝90厘米　　　　允許範圍89.3～90.7厘米

理想大腿圍：165：2.53＝X：0.82

　　　　　　　X＝53.5厘米　　允許範圍52.8～54.1厘米

女子體型例舉數據表

體態項目		身　高	體　重	上臂圍	胸　圍	腹　圍	臀　圍	大腿圍
理　想　值		165	109.6	25	88	65	90	53.5
允許	上限		106.3	24.1	87.4	64.6	89.3	52.8
範圍	下限		112.8	25.4	88.7	65.9	90.7	54.1

根據這種標準所獲得的勻稱優美的體型便如下圖所示：

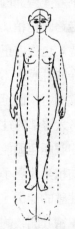

女性體型美的勻稱狀態

　　在這幅投影圖中我們可以看到，女子的乳房，其乳峰突出，形成向性愛對方付出的趨勢，爲距性愛對象最近之點，而雙乳之間又形成一種對其的包容之勢，這個柔和的愛之深谷正是令男性沉醉之處。而光滑而渾圓下瀉的肩部曲線，同樣也能釋放出強烈的性信息，如果把衣衫沿肩膀往下拉，使肩頭"正好"露出，就會呈現一個弧度適中的肉質半球，影射出臀部或乳房的基本形狀。這也正是低領裝經久不衰之性感因素。沿此而下最細處是腰部，纖細的腰也是女性第二性徵的重要一點，腰際的收束使乳房和臀部的曲線更加明顯，因此束腰是女性歷來所用的美身方式。

　　沿腰身而下，前面是腹部，後面是臀部。就女性形體美與性感的角度而言，腹部應扁平而微隆，臀部則要求豐滿圓潤。尤其是臀部，作爲第二性徵的重要組成因素，因其孕育的功能而比男性更爲發達引人注目。在靈長類動物中，雌動物的臀部腫脹隨月經周期起落，在臨近排卵期並準備交配時臀部腫脹得最大，而人類女性的臀部狀態則永久不變。豐滿圓潤的臀部是男子最樂於留心之處，一個少女如果在走路時稍稍加大臀部扭動的幅度，就會向男子發出強烈的性感信號，也許這正是"迪斯科"、"抽筋舞"等現代舞蹈劇烈的臀部動作的性感因素所在，也是健美褲、超短裙等性感魅力之所在；在歐洲古代直至近代流行的一種"裙撐"的服飾，目的也正是爲了誇大臀部的性感。

　　從臀部往下移，女子的雙腿也頗能引起性的刺激。從解剖學上看，女子大腿外層的脂肪積累比男子多，因此，修長而豐滿的大腿是第二性徵的標誌、性感的像徵。大腿部位越接近臀部，性刺激就越強。中國女子的旗袍其開衩的用意，大概也是爲了使大腿能若隱若現而增加性吸引力。

　　在女性體態的柔美中，肌膚及其色澤具有極大的性感和審美價值，白皙、光滑柔軟富有彈性的肌膚增添了女性迷人的魅力，可以說，男子陽剛體態與女子陰柔體態的主要區別就是由女子比男子更多的皮下脂肪形成的。肌膚的光滑性與皮膚中皮脂腺排出的皮脂多少有關，一般女性的皮脂分泌適中，因而女性皮膚顯得溜光水滑。女性的肌膚在一個月經周期內會發生微妙變化，卵泡激素的分泌引起排卵，同時使皮膚顯得水靈靈的。排卵後，卵巢分泌的黃體酮又可以使皮膚失去濕潤性，月經期的皮膚與平時相比則顯得暗淡。濕潤光滑的肌膚的性感較強，這種性感在排卵期表現得最為充分。在東西方黃白膚色的民族中，女性肌膚一般以白皙為美，為了健美而刻意晒黑則另當別論。俗語說"女子一白遮百醜"，白皙的皮膚一則能增加柔嫩光滑感，二則更易與肌體上的其它性徵，比如紅唇、褐色乳暈，以及陰毛等形成對照，使這些性徵的性感也更為突出。除此以外，肌膚的細膩富有彈性也能使女性增添幾分嫵媚。細膩的皮膚，柔滑粉脂，而皮膚的彈性又使其增添了幾分起伏變化的魅力。女性這種柔和又富彈性的肌膚與皮下脂肪的厚度有密切的關係，正由於女性皮膚的彈力纖維下有豐富的脂肪，才使肌膚顯得柔軟嬌嫩，使體態變得圓潤豐滿、婀娜多姿，充滿迷人的魅力。

　　女性的頭部也能顯示重要的第二性徵，容貌美醜與性特徵有著內在的關係，白居易《長恨歌》中以"芙蓉為面柳為面"形容楊貴妃之容貌美，可以說正把握了這種關係。女子的臉形線條一般較柔和，通常以橢圓或瓜子型臉為美，而男子則往往以長方臉為美；這是因為成熟的男子兩顎和下巴較女子堅實發達，線條崛勁有力，作為異性相補的女性則偏偏要以遠離這些特徵的柔順為美。

就面部膚色而言，女性比之男性更易泛紅，泛紅也是一種性信號，達爾文曾專門論述過這種面頰泛紅現象，並論斷這一現象反映出羞澀、慚愧或謙卑心理、以及表現出對 "個人對外表的自我關注"。因此女性面部往往以白裡泛紅爲美，中國古代稱漂亮女性爲 "紅顏"，其所稱不無道理。

眼睛能解釋放重要的性信號，這點前面已有所表述。然而女性的眼睛又具有獨特的女性魅力。一般無論男女，大而有神，黑白分明的眼睛均稱 "美目"，而女子的眼睛更以其 "水靈靈" 的神態和嫵媚的視態而獨具魅力，所謂 "回眸一笑百媚生，六宮粉黛無顏色" 即是一有力的說明，無論是流連婉轉的 "回眸" 還是盡在不言中的 "含情脈脈"，無不有勾魂攝魄的力量，中國古人形容它稱之爲 "秋波"。

此外，女子纖細彎曲的眉毛和豐滿紅潤的雙唇都是女性重要的性相，而頭髮更是不可或缺的性徵。頭髮長短與柔硬程度往往是區別男女的一個普通標誌，如 "瀑布般流瀉的長髮" 對東西方不同種族的女性都是一種讚美之辭。女子的柔髮在視觸覺上給人的流暢感與嗅覺上常伴以的芳香，都具有十分強烈的性吸引力。因此世界著名毛髮家菲利普•金斯利認爲，如果不從性的角度看頭髮的作用，要想全面了解人類頭髮的重要性是不可能的，對頭髮的親吻、愛撫，乃至嗅聞，不論是否有意識，都與性行爲有關。據國外性科學家研究，性生活像做體操一樣，能加速頭髮的生長；反之，性的抑制會影響頭髮的生長，性機能的障礙常常會引起嚴重的頭皮和頭髮疾患，健美秀麗的頭髮正是性機能和性生活正常的一種證實。而且，女子還可以通過髮型向世界表示對性獨特的感受，因此各個時代各民族的女性無不重視頭髮的修飾。

③ 第三性特徵與女性美

第三性特徵在形體美方面表現為姿態、動作、表情、氣質的美，與第二性特徵相比，它是種更內在、更綜合、更深層、更多地在動態中表現的美。女性的第三性特徵，可以歸納出好多，比如溫柔、端莊、文靜、嫻雅、細膩、活潑等，我們在這裡著重分析羞怯、嬌媚、溫柔這幾種。

羞怯可以說是從動物演化而來並由人類文明進化的產物。藹理斯以為雌性動物拒絕求偶即是一種羞怯的表示，而到了人類，羞怯的含義就十分複雜了。在英語裡，"Modest"既可意味著羞怯，又意味著節制、端莊、淑貞等等，是人類性意識覺醒後形成的一種文明意識標誌。羞怯的表現即為羞澀，羞澀可以說是人類共有的情態，但主要是女性的特徵。從性選擇上來說，這正是女子由其性選擇社會地位和心理機能決定的，即既要獻媚取悅於男子，又要抑制男子的欲念保護自己的獨立這種矛盾心態特點的表現。前面所述的"紅顏"及"秋波"都是女性羞澀色美的一種表現。就形體姿態而言，女子也常常顯示出既羞怯又熱情的特徵：如被譽為女子形體美典範的安格爾的名作《泉》，畫中女子的上身姿態坦然，胸部開放，呈示出少女青春的熱情，而兩條大腿，則優雅地夾緊，表現出少女特有的羞怯和防範心理。這種姿態成了西方女子形體美表現中非常多見的模式，如雷頗的《仙女吾賽克的沐浴》、買可莫葦蒂的《綁架阿密莫妮》、席羅姆的《法庭上的芙麗湼》等等都是。在安格爾另外的畫中也多有表現，如《維納斯的誕生》、《安娜狄奧莫尼的維納斯》等等。在非常著名的喬爾喬內的《沉睡的維納斯》、提香的《爾爾比諾維納斯》等躺姿的女子裸體中，也以坦然裸呈的胸部和悄然用手或紗巾掩著的陰部表現出既熱情坦然又羞怯含蓄的女性美。

嬌媚其實是女性的一種轉向行為，即在行為上表現出類似孩子的天眞，任性而又嬌嗔的特徵以激起戀人產生類似父母才有的保護情緒，使男子感受到作為保護者的氣概與自豪。這也就是現代男子往往不喜歡全能式的"女強人"的性選擇原因。溫柔也許是女性最重要的一種性氣質、溫柔是以女性特有的方式體現出來的一種體貼、寬容、深情、溫和、順從並融為一體的愛和美。在形體和行為上，溫柔表現為形體線條的柔和與言行舉止的得體大方。過於粗獷潑辣的女生、大大咧咧的女性、不修邊幅的女性、盛氣凌人的女性、輕浮浪蕩的女性，一般是不為男子所喜歡的。《蒙娜麗莎》的微笑之所以具有永恆的魅力，很重要的一點可以說是由於她維妙維肖地表現了女性特有的含蓄與溫柔。

王實甫的《西廂記》曾這樣描寫崔鶯鶯的美："他那裡盡人調戲嚲著香肩，只將花笑拈"，"他宜嗔宜喜春風面，偏宜貼翠花鈿""未語人前先靦覥，櫻桃紅綻，玉粳白露，半晌恰方言"，"恰便似嚦嚦鶯聲花外囀，行一步，可人憐，解舞腰肢嬌又軟，千般裊娜，萬般旖旎，似垂柳晚風前"……這些話都是男主角張君瑞初次見到的鶯鶯的印象，包括她行動時的情態。可以說，鶯鶯所表現的正是羞怯、嬌媚、溫柔等女性第三性徵，這也正是令張君瑞一見鍾情的魅力所在。誠然，這主要是中國傳統的女性審美意象，現代的女性審美理想已有很大不同，但這些主要的性徵作為性選擇因素，仍是潛在的女性魅力。

3. 男性性特徵與男性美

康德在《對美和崇高的感情的觀察》一文中曾說過這樣的話：從男女二種不同性別來看，女人屬於美的類型，男人屬於崇高的類型。對於女人來說，最大的恥辱就是不招人喜歡，而對於男人來說，最大的恥辱則是蠢笨。這說明男性美的魅力與女性美的魅力有很大區別，從性選擇的角度講，這正是由於"男競女擇"的特點決定的。因為就男子而言，一方面要在擇偶時與同性競爭，故要表現出機智勇敢，另方面則要競爭美麗的異性，由此促成女性對自己外表的敏感與關注。就女性而言，一方面要以自己的媚力求得競爭中的優勢，另一方面則要從生存能力的角度挑選強有力的保護者。可以說，相比較而言，女子在性選擇中突出的是女性美，而男子在性選擇中突出的則是男性的力量。前者主要是美，後者主要是力；因此，相對而言，男子的形體美沒有女子的形體美那麼引人注目。

① 第一性特徵與男性美

在人類兩性所有的性別特徵中，沒有比位於男子體前挺拔的性器官更引人注目的了。在人類早期的生殖器崇拜時代，男性生殖器常作為男子自我炫耀和部落崇拜的偶像。無疑，當時男性的性魅力定集中於第一性徵，尤其是陽具。進入父系,氏族社會後，男性生殖器崇拜的現象更為突出，甚至進入封建社會後這種風俗仍盛行未歇。世界各地都有一些宗教寺廟供奉著由巨石或木頭等雕塑而成的陽具，到寺廟求子的女子，不但要對男子陽具頂禮膜拜而且要在上面撫摩和坐臥。這種儀式除了"求子"這一功利性目的外,也的確可以看出當時女子對男性的審美習慣與審美視點。隨著文明程度的提高,這種審美觀逐漸發生變化,與女子相似,對男子形體的性魅力的審美也由第一性徵轉向第二性徵、第三性徵。然而,第一性徵作為男子總體驕傲的像徵和男子個體自信的標誌還是或明或暗地在起著作用,比如患"陽萎"的男子無論在身體或氣質上都可能染上暗淡、沮喪、萎頓的色彩。而女孩對男孩的嫉羨,女子對男子的既喜又畏,都跟對男子生殖器的感受有關。《范妮・希爾》一書中曾以誇張的修辭描寫男子陽具:

> 一根用最清白的象牙雕成的圓柱體,在它上面漂亮地布著藍色紋脈,擎著一個朱紅色的無遮無攔的最生氣勃勃的龜頭:它比任何觸角都堅挺,而且撫摸起來比任何天鵝絨更柔滑、美妙。㉜
> 它那龐大的樣子又會令我畏縮;我不能毫無快感地注視,甚至冒昧去撫摸這麼長這麼粗的活生生的象牙!造型相當完美,它皮膚緊繃著,驕傲地挺著,它那柔滑的光澤和天鵝絨般柔軟可以與我們的性器官中最柔嫩的部位相媲美,它那細膩的白皙與根部周圍叢生的卷曲的黑毛形成了強烈的對照,透過那些在一個晴朗的夜晚可以看到的清白皮膚上的烏黑發亮的蔓生物,通過那些覆蓋著小山頂的疏稀的樹叢的枝叉,可以發現清晰明朗的天空,頭部那粗壯而又泛出淺藍色的肉體與它那蛇一般蜿蜒曲折的靜脈,一起構成了自然中色彩與形狀最奇妙驚人的組合。總之,它是一

㉜　《Fany Hill》見《Sexual Fiction》,P.55。

種既討人喜歡，又令人恐懼的物件㉝。

在《查特萊夫人的情人》男女主人公眞誠熱烈詩意般地互相審視身形的情景中，女主人公一方面在男主人公生殖器周圍放上鮮花組成一種十分美麗自然的意象，同時也在**體驗著類似范妮‧**希爾的對陽具既喜歡又敬畏的心情。

然而這種性崇拜和性器官的審視，或者是發生在古代，或者是發生在情人間的隱私場合，作爲一種公眾習慣的審美，男子的第一性徵也早已悄悄隱退了，只不過沒有女性第一性徵那麼神秘、禁忌。美國性心理學家曾對女性做過一個調查：男子的哪些特徵更能引起女性的興趣？多數被調查的回答是：男子的聲音、肩膀、臀部。她們認爲這些男性特徵比男子陰莖大小更能引起她們的興趣。

② 第二性特徵與男性美

男子第二性徵的主要形體特色是身材高大、體格魁梧、棱角分明、充滿力度，具有較女子更分明的體毛。古希臘大力神赫庫勒斯雕像被公認爲是男性健美的楷模。另一個受人崇拜的健美偶像是米隆的“擲鐵餅者”。古希臘人認爲，寬闊的胸部、靈活而強壯的脖子、虎背熊腰般的軀幹、凹凸分明的肌肉是健美人體必備的條件，“擲鐵餅者”不僅絕好地體現了古希臘的這一觀念，而且通過藝術加工把人體協調的韻味、運動的健美和青春活力表現得盡善盡美，這種美的楷模也一直爲後世推崇。

㉝　《Fany Hill》見《Sexual Fiction》，P.85。

　　由於性的差異，男子的身材一般比女子高大，肩部寬而厚，上肢結實，髖部較窄，下肢較長，男子的骨骼粗壯肌肉發達，整個軀體的曲線顯得粗獷而稜角分明，不像女性形體那樣柔和圓潤，男性的骨盆窄於肩膀，呈"倒三角"體型……這些特徵是隨著性發育在青春期成熟的，故我們把它們看作是形體美的第二性徵。

　　男子的肌肉以結實呈條塊狀爲美，顯示出剛勁的力度。如果男子肌肉鬆弛，形體"發福"尤其腹部脂肪積累過多，就意味著他的青春活力和性能力受到了限制。莫利斯曾以一幅漫畫說明過這個問題：一個罐狀腹部的中年男子站在沙灘上，不遠處有個穿著比基尼泳裝的美齡少女正向他走來。當她走近時，那中年男子看見了她，便拼命收腹，而當她與他擦身而過時，他的腹部已緊縮得凹了進去，胸部卻挺了出來。接著，那少女走了過去，那男子的腹部也開始鬆弛，隨著她越走越遠，他的腹部也就越來越鬆弛，最後恢復了原樣。這組漫畫雖然旨在反映男子對自己的體形——也就是他的性形象的有意識控制，但是其中也顯露出某種無意識的或習慣成自然的東西，即男子的性顯示。因爲男子在性興奮或延長性快感時，會自動地作出緊縮腹部肌肉的努力，這點既使撇開個體差異不說，僅從年輕男子和年長男子之間普遍的形體差異也能得到揭示。年輕的男子性能力一般比年長的強，他們的體形因而也總是往裡收而不是往下墜，他們具有人類男性典型的健壯體魄，肩濶、胸厚、胯狹，而扁平的腹部正是這種上寬下窄的"倒三角形"的一部分。年長的男子的體形則有下墜的傾向，肩圓、胸平、臂鬆，其鼓起的腹部也就成了這種上窄下寬的"葫蘆體形"的一部分。通過這樣的體形，年長男子明白無誤地表明："我已經和風流浪漫的歲月告別了"。如果尚爲年輕的男子也具有這種體形，那更是可悲的事。因此，男子無論年輕年長都會注意體形的健美鍛鍊以保持自己的性美形象。

男子的容貌也具有區別於女性秀美、嫵媚的第二性徵。在現代女性眼中，男子顯然以膚色健康、五官端正、濃眉大眼、鼻樑挺直、嘴唇大小適度爲美。前額要求寬闊飽滿，眼睛應"炯炯有神"，目光堅定從容而不閃爍恍惚，下巴方正且正中有天然凹槽。除此以外，鬍鬚在男性臉部起著非凡的作用，甚至在某種程度上是男性魅力之代表，濃密漆黑的鬍鬚顯示著青春的生命和蓬勃的活力。刮過的鬍茬，在性感魅力上也同樣不遜色。潔淨而泛著青色的下巴，既清晰地出現下巴方正的線條，又去除了"動物毛髮"的痕迹而加上文明的烙印，更具吸引力。鬍鬚作爲男子一種重要的性徵和形象在古今中外倍受重視。中國古代男子向來崇尚美髯，《三國演義》和《水滸傳》中的關羽和朱仝就是人所皆知的美髯公，其他的如晋王育、劉淵鬚長三尺，淵子曜鬚長五尺；六朝時崔琰鬚長四尺，謝靈運鬚長過膝，明石亨、張敬修皆鬚長過膝，清初陳國忠也鬚長過膝。這些以鬚長爲美的中國古代男子也許有著某種癖嗜，但鬚髯之美是男子的重要性徵卻是不言而喻的。中國古代還認爲又長又硬的鬍鬚怒張如戟，有大丈夫氣概，如《南史·諸彥回傳》稱"君鬚髯如戟，何無丈夫意"。

③ 第三性徵與男性美

男子的第三性徵首先表現爲一種力量感，力感之美實際上是一種健壯的美，是生命力和性能力健全旺盛的一種表徵。女性在男子的力感中能產生依托和安全感。米隆的《擲鐵餅者》，微微側身彎腰蓄勢待擲的姿態，如強弩勁繃的肌肉，充分體現了飽滿而健全的力度；米開朗基羅的《大衛》，也是男子力感的典範。當今男子健美表演，無不可以說是力感的亮相。《三國演義》中張飛身長八尺，豹頭環眼，燕頷虎鬚，聲若巨雷，勢如奔馬"，長坂坡一聲喝斷曹操手下一員戰將並使其千馬潰退如潮水；《水滸傳》中魯智深倒拔垂柳；武松拳打白額虎，都是男性力度的傳奇式表現。古典小說中描繪健壯男子的用語"身軀巍巍"、"儀表堂堂"、"威風凜凜"、"氣宇軒昂"等都是力感的表徵。

男子的力感不但表現為雄壯豪邁，也表現為深沉堅毅、沉著鎮定。堅強的心理、生理承受力和忍耐力以及由此而體現的胸襟寬闊，是男子之魂。日本電影演員高倉健之所以為中國女子所傾倒並立為男子漢的楷模，正在於高倉健表現了有別於"奶油小生"的深沉堅毅的氣質風度。言語不多、目光深沉、舉止沉著，令人感受到一種凜然不可侵犯的堅如磐石般的力度。而這種鎮定沉著的氣質的內在心理因素便是自信。在美國婦女雜誌的一次投票表態中，絕大多數婦女以為男子身上最具魅力的是自信。一個自信的男子為人處世的神志總是從容堅定，泰然自若，泰山壓頂不彎腰，危難臨頭不皺眉。如果說男子的健壯有力能給女子以安全感，那麼這種安全感是偏向於生理這個表層次的被保護感，而男子的自信所表現出的堅定從容沉著則給女性以深層心理層次上的有所依托感。於是，文明社會的女性越來越傾向於對男性第三性徵的追求。

五、人體裝飾與形體美

　　在討論過性特徵和形體美的關係之後，本章將轉入對人體裝飾與性特徵及形體美的關係的分析。如果說，前面一種關係，大抵是屬於自然的生理的關係，它在形體上產生的影響是在漫長的進化過程中形成的，那麼，後面一種關係則包含更多的社會性和文化性因素，它對形體的作用是人爲的直接的。

1. 人體裝飾的性選擇意義

　　在我看來，人體裝飾包括體飾和服飾。體飾是直接固定或附著在身體上的裝飾，又可以分爲永久性的裝飾和暫時性的裝飾，如刺割或紋身、割禮、整齒、穿唇、穿鼻、穿耳之類屬於固定在人體上的永恒性裝飾，而繪塗式紋身、化妝和髮型之類則屬於附著在人體上的暫時性裝飾。服飾是指服裝和首飾，大抵屬於暫時性的裝飾。人體裝飾的動機和功能自然不止一端，然而性選擇是其基本的要素之一。從性選擇的意義說，人體裝飾的一個重要宗旨和用途，就在於直露地誇大或間接地強調性信號，這無論是在體飾還是在服飾中都非常明顯。

　　例如，紋身是原始時代和現存野蠻部落的赤裸社會中最常見

的體飾之一，這種體飾甚至在合身著衣的現代社會仍然可見。比
如日本至今仍盛行著紋身藝術。當然，紋身藝術的魅力還有待於
裸體時展現。無論是野蠻還是文明社會，紋身基本上都有兩種，
一種是永久性的紋身，如在身體上用針刺出圖案的 "刺青"，或
用刀割開傷口使它結疤後形成預想的圖案的 "留疤"，"刺青"
和 "留疤" 都將成為紋身者終生的記號。還有一種是用顏料塗色
或繪製圖案，這是紋身者可以隨時抹去更換的暫時性裝飾。洪姆
博耳特在《閱歷錄》第四卷曾談到南美洲裸體的印第安人真是不
惜工本地來裝璜自己，"一個身材高大的男子，用兩星期的辛勤
勞動，來賺取足夠的交換價值，為的是換得把他全身塗成紅色的
必要的 '赤卡'（Chica）"。達爾文談到，在非洲的土著居民更
為普遍得多的是不惜忍痛地在身上不同的地方用刀劃開，在劃處
抹進鹽，從而造成若干隆起的長條疙瘩。這種不惜工本或不惜忍
痛地裝飾身體的動機可能有多種，但其主要的或基本的動力正是
出於性選擇。泰勒爾牧師在《新西蘭與其居民》中就明確指出，
"紋面要紋得好是一個年輕男子的一大雄心，一則它可以使自己
取得姑娘的歡心，再則可以使自己在戰場上頭角崢嶸"。其實，
"在戰場上頭角崢嶸" 也正是取得姑娘歡心的主要因素之一，因
此，紋身的基本意義還是與性選擇有關。紋身往往既是成年的標
誌，同時更是能夠經受痛苦考驗的男子漢氣概的標誌。因此，能
討得姑娘歡心也使男子樂於為此花血本忍受苦痛。

　　不僅男子通行紋身，女子也不例外，據《非洲拾趣》記載，
非洲一些地區，尤其是非洲西部的婦女，從少女時代起身上就紋
有顯示著形態美和道義美的十套花紋，其中在兩頰上是兩條直絨
花紋，意思是充滿青春活力；嘴角的兩邊是圓圈或三角形圖案，

表示這兒是自己心愛的人親吻的地方;乳房之間有一道連結花紋,表示乳汁充足,可以勝任撫育子女的任務;後背是一道長長的刀形印痕,這是忠誠的標誌,意思是若背著丈夫做了見不得人的勾當,總有一天會受到刀劈的懲罰;陰戶以下,膝蓋以上的大腿內側部位,刻著數朵少女所喜愛的花朵,它標誌著少女的秘密只有自己的丈夫才有權揭開。可見這些花紋,或是表示性的活力,或是表示愛的承諾。總之,大都跟性選擇的意味有關。此外,就紋身的形象本身特徵而言,又往往旨在強調並美化了性的信號,這在日本的紋身藝術中尤為明顯。如果說永久性的紋身多半是一種成年或是男子氣的像徵性標誌,其直接的性感或形式美感不很明顯,那麼,暫時性的繪身紋身則往往直接強調並美化了性特徵,直接表現了性感和形式美感。

在澳大利亞土著部落裡,所有的男子都只有在經過成年儀式後才能結婚。在這種成年儀式中,受儀式往往需要經受痛苦的折磨並通過傷殘身體留下永久的標誌。比如撬掉兩顆門牙、刺穿鼻孔等。這些他們甘心承受的折磨相當地殘酷以至可能傷害他們的健康,甚至當下使其至死。人類學家道森(Dawson)認為這種情況是由一種如同斯巴達人所具有的同樣的動機激勵著的,這是一種旨在保護女子免受禍害的男子漢氣概的考驗。經受了這種考驗,才能獲得女子的青睞。這種人體裝飾在形式上並不具備明顯的性感或形式美感,主要是由於它的標誌作用而顯示性選擇乃至審美價值。

這種情況在野蠻社會裡非常普遍。據達爾文稱,在非洲有一個地區,人們要在上下眼皮上塗抹黑色;在另一個地區,男子的眼皮是塗黃色或紫色的。有一個地方,男子額上雕一個星星和下頜上刻一個點點，這對被追求的女子們看來，有著無法抗拒的美的威力。在許多地方，頭髮最須染色的，儘管顏色各有不同。在許多邦國裡，牙齒要染過，有黑的、紅的、藍的等等。北從北極圈各地區，南至新西蘭，任何大國裡都有些紋身、紋面或雕題的土著居民。在許多不同的地方，人們對頭髮的處理特別仔細，有的讓它長拖至地，有的把它梳成"緊湊而卷曲蓬鬆的帚狀的一大把，例如巴布亞人便把這種髮式看作自己的一種驕傲和光榮"。在北美洲，"一個男子需要花上八年到十年的功夫來完成他的髮式"。我們文明人講美貌，把臉當作鑒賞的中心，野蠻人也是如此，於是臉就成爲斫傷的集中之所。在世界各地都發現，在鼻樑或鼻的兩翼上戳洞，然後在洞裡穿上圈圈、小棍子、羽毛以及其它飾物的風俗。耳朵在各地都要穿孔並同樣加上裝飾品，而在南美洲的波托庫多人和楞古亞人中間，耳朵上的窟窿被這些裝飾品弄得越來越大，其下面的邊緣可以碰到肩膀。在南、北美洲和非洲，上唇或下唇要穿孔，而也是在波托庫多人中間，下唇的窟窿大得可以嵌進一個直徑四英寸長的木製餅。在中美洲，女子在下唇上穿窟窿，窟窿裡帶上一塊水晶。由此更往南，到馬可洛洛人（Makalolo）中間，穿孔的是上唇，而孔中穿過的是金屬和竹製的一只大杯，叫做"呸來來"（Pelelē），當有人向一位年高德劭的酋長發問"爲甚麼婦女要戴這些東西？"這位酋長很詫異地回答說："爲了好看呀！婦女們所有美麗的東西就是這些；男人有鬚，女人沒有。如果沒有了'呸來來'，她就根本不成其爲一個女人了"。在新西蘭，當傳教士們試圖勸說土著的女子放棄割疤紋面這一類習慣時，她們的回答是，"我們在嘴唇上總得有上幾個條條；要不然，我們一到老年，就會變得很醜"。在非洲北羅得西玉境內的土著，女孩子在訂婚時，上下唇要各穿一個孔，在孔中穿上一根金黃色的稻草，這種唇內含草稱為"婚帶"，它既是一種裝飾也是結婚時必不可少的部落法規。沒有含草的姑娘不准結婚。

由此可見，世界各地土著流行的塗色、紋身、穿唇、穿鼻、穿耳、撬牙、銼牙、整髮等人體裝飾習俗，無論在男子還是在女子，其基本動機都往往是為了標誌性的特徵，顯示美貌以求得異性喜歡。這類原始性的人體裝飾，隨著社會的發展，逐漸向文明性的人體裝飾轉化，總的趨勢是從永久性裝飾向暫時性裝飾轉化，由傷殘性裝飾向化妝性裝飾轉化，由性誇張裝飾向形式美裝飾轉化。

在現代文明社會中，正常的人們一般不再以紋身的方式來表示性或美的信息，而大都代之以服裝和其他暫時性裝飾的方式。傷殘性的身體裝飾正基本為現代文明社會拋棄，穿耳這類無礙大體的輕微"傷殘"則屬於極個別例外的有選擇的保留。取代傷殘性裝飾的化妝性裝飾則盛行世界，而且愈來愈甚。化妝品式樣千姿百態、日新月異，化妝品市場始終是最受顧客寵愛的場所。人們不再直接地展示或誇張性特徵，而代之以間接的含蓄隱晦而又盡在不言中的暗示法。然而不管人體裝飾的方式如何地流變發展，其潛在的性選擇動因仍然沒有變化，現代化妝品的一個基本誘因，仍是為了增強性的魅力。

化妝品市場似乎始終是主要為女性開放的，這恰恰反映了在這個以男性為意志、主體的社會中女性被欣賞被選擇的地位。化妝品的價格似乎也是與女性的性特徵的重要性對應的。例如，豐乳霜之類的化妝品成本與銷售價的差額遠遠要比一般的護膚霜之類要大得多，這是由於乳房被視作是女性性魅力的主要特徵。唇膏、胭脂之類的性選擇意義我們前面已有所述及，值得注意的是化妝品的香型，一般都有著嚴格的男女兩性區別，這是因爲香水之類使用的主要目的還在於增加性的吸引力。

這種性選擇意味在服飾中同樣十分明顯。就服裝的來源來說，它的基本功能有三點：舒適、蔽體和展示。舒適即借助服裝來調節體溫，以適應氣溫變化，蔽體即借助服裝來避免在陌生人面前發出太多的身體信號，展示則是借服裝顯示某種文化的或社會的意義。然而透過這三項功能的表層，我們還是可以清楚地看到服飾的深層性選擇意義。無論在野蠻社會還是文明社會，都有無數的事例可以說明 "衣服的創製不是爲了保暖，而是爲了裝飾" ❸，而這種裝飾與其說是爲了蔽體，倒不如說更在於某種含蓄的展示。

曼泰加扎教授收集的材料告訴我們，中非巴吉爾本的黑人用獸皮做的小裙遮身，通常是掛在背上，他們的女子在腰際圍一根掛著天天更換的樹葉的繩子，偶爾也掛一根大約兩英寸寬的羽毛帶，在那帶上也掛些珍珠和貝殼之類裝飾品。非洲阿希拉族（A-shira）的少女在結婚時只是掛一條細帶，這種細帶僅僅是爲了裝飾，而不是穿著。安納巧瑞特島（the Anachorete Islands）上的土著男人只用一長條獸皮引過兩腿之間固定在一根帶子上來遮蓋他們的生殖器，如果獸皮滑離它指定的部位他們並不在意。❹因此可以說，它僅僅是形式上的裝飾。這些形式上的裝飾，自然談不上保暖，甚至連蔽體的功能也很勉強。如果說算蔽體，其效

---

❸ 《人類的由來》，86頁。

❹ 參《Love—The Gigantic Force》。

果也不在於抹煞性信息，相反可以說，正是在引導、傳遞性信息。莫利斯指出，人類自從直起身來，用後腳走路之後，他的性器官就無法不暴露在他的同類之前。其它的四足動物都只在求偶時才展示性生理區，而人類一直正面展示的結果，根據刺激的 "飽和效應"，必然降低他求偶時的吸引力。因此，"腰布"，或者說 "遮羞布" 是初民最常用的衣著，其用途不管有意無意實在於引導性的信息。

美國的一對人類學家夫婦，在新幾內亞原始部落中考察時，意外地發現了這些原始部落中的男子雖然赤身露體卻用一種奇特的 "陰莖鞘" 來裝扮自己的陽具。每個成年男子都有好幾只 "陰莖鞘"。這種鞘長30～60厘米，直徑可達8～10厘米，有彎形的，也有直形的，鞘頭上還常常飾有羽毛。這種 "陰莖鞘" 看似遮蔽性器其實正好在誇耀性器，裝飾的效果一方面掩蔽了性器的實體，使其具有潛在的誘力，而另方面自然釋放了它的性徵信息。

人們一般認為蔽體是由於羞怯心理，其實，我們可以反過來認為，羞怯反而是蔽體的結果，藹理斯說得很明白："裝飾和衣服的發展，一面所以培養羞怯的心態，以抑止男子的欲念；一面亦正所以充實獻媚的工具，從而進一步的刺激男子的欲念。"**㉟** 曼泰加扎的《性愛—巨大的力量》中有一則材料可以印證藹理斯的觀點：在巴恩達斯佩齊斯（The Baendas Pezis），土著人都是全裸的，人類學家利文斯通讓兩位十歲左右的小姑娘穿了些衣服，她們的羞澀感立即形成了，兩個星期後，當她們聽到有人走過，她們在臥房就立即遮護了乳房。因此我們似乎可以作這樣的

㉟ 《性心理學》，37頁。

理解：正是服飾的蔽體反而培養了人的羞恥的觀念，而對這種羞恥部位的遮蔽，恰恰在含蓄地刺激著性的吸引力。

其實現代女性也自覺不自覺地遵奉著這一規則，這就是適當的內衣和睡裙之類比之裸體更能激發丈夫性欲的原因所在。一位有生活情趣的女性，懂得利用迷人的內衣以修飾體型，加添幾分嫵媚。就胸圍的裝飾效果而言，可大致分為兩類，一類是半襯墊式，一類是無襯墊式。無襯墊式因乳房大部分沒有襯墊物，所以曲線纖巧，胸部豐滿的女性自覺貼身，而胸部不夠豐滿的女性則可借助半襯墊式，補救纖瘦體型的不足。女性內褲大部份是"比基尼"式束貼身窄腰設計。近來面臨越來越受歡迎的勢態有增無減，V型內衣用料極少，三角形內褲幾乎可以與疊起來裝入火柴盒的三點式泳衣爭個簡淨。此外連身式內衣亦十分搶眼，特別是其腰部的緊縮式設計，更能從整體上修飾人體曲線。至於絲質透明的睡衣睡裙，因其朦朦朧朧、隱隱約約、時隱時現的披掛，既可使身段的曲線畢露無遺，又能增加朦朧含蓄的情勢，並且掩蓋身體細部之不足，增強性的吸引力。"為冰肌玉膚妝點出一季風情"，"窈窕、輕柔、知情、魅感"這就是對當今女性內衣的浪漫形容。雖然，這些用料不多的奢侈品價格昂貴，但對它鍾愛的女性們像購買高價化妝品那樣捨得花錢，原因在於，內衣所修飾的形體的性選擇價值超過了商品本身的價值。

2. 人體裝飾的審美意義

當然，正如前面已經多次提及的，人體及其裝飾的審美意義是不可分割的，性選擇意義是審美意義的內在基礎與必要條件。

然而它們畢竟還是有所區別的，如果說人體裝飾的性選擇意義集中突出的是人體裝飾的性感效果，那麼，人體裝飾的審美意義則較綜合地考慮了人體裝飾的形體美感效果，後者除了也體現在對性特徵的裝飾之外，著重表現於性特徵意味較朦朧的裝飾之中。

比如，就服裝而言，一方面隨著服裝由內衣向外衣的推移，直接的性感因素逐步減少而綜合的形式美因素逐步突出，因此，還要考慮服裝與服裝之間的顏色、形狀、格調等多方面的搭配，考慮服裝與周圍環境的協調等等；另一方面，服裝本身就是一種審美對象，它既為對方所感受也為自我所感受。服裝除了表現性特徵以外還要表現個性特徵，正如美國一位研究服裝史的學者所說：“一個人在穿衣服和裝扮自己時，就像在填一張調查表，寫上了自己的性別、年齡、民族、宗教信仰、職業，社會地位、經濟條件、婚姻狀況、為人是否忠誠可靠、他在家庭中的地位以及心理狀況等等” ❸❻ 。

魯迅先生十分洞悉服裝的形式美規律。在三十年代，有一位青年女作家蕭紅著一條咖啡色橫格子裙配一件紅上衣去見魯迅，並問他這身衣服是否好看，魯迅笑著發表了這樣的意見：服裝的色彩要注意搭配，紅色與咖啡色的搭配過於混亂，不很協調。此外，胖的人應該穿豎條子，而瘦的人應該穿橫條子衣服，這樣可以借助視線的錯覺彌補體形的不足。魯迅先生這兒談到了兩個問題，一是服裝自身的色彩與形狀需要搭配，二是服裝與人的體形也需要搭配，適當的搭配能彌補人天然體型的不足。此外如脖子過長的人不宜著Ｖ領上衣，脖子偏矮的人則可借助Ｖ型領在人的

---

❸❻　轉引《服裝美學講座》，湖南人民出版社，1986年版。

感覺中拉長脖子等等，都是運用形式美的規律美化形體的例子。

其他裝飾也能起到這樣的作用，比如眼鏡的選擇就要注意臉型。再如，女子普遍喜歡用的耳飾有兩種，一是長形的耳飾，二是圓形的耳飾，長形的耳飾適宜圓臉形的女性佩帶，因爲長長的耳墜下垂著能使臉拉長產生橢圓型的美學效果，使原來圓形的臉由於視錯覺的原因而變成更爲漂亮的鴨蛋形了。圓形耳環則比較適合瘦長臉形的女性佩帶，因爲圓型耳環可以把瘦長的臉形襯托得較爲圓潤豐滿，也可以產生一定的審美效果。

此外，像胸花一方面對女性胸部性徵起著引導作用，表現出性選擇意義，同時，如果胸花的色彩與服裝的顏色以及穿著的場合能夠很好地配合，就能對女性的美起到調節作用，表現爲審美意義。一般來說，衣服顏色偏向淡色，胸花要用鮮艷的顏色；衣服若是艷色，胸花要用淡顏色。胸花的式樣還應與臉相調和。圓臉形的女性，宜用長方形胸花；反之，長臉形女性，宜用近圓形的胸花，這樣可以起到互補襯托的作用。

男子的領帶，前面曾說過其潛在地含有某種性模仿意味，而從形式美的角度來說，它正是對服裝與形體在關鍵的一種協調。男子一般喉結突出，脖子較長，穿V形領西裝若不打領帶就顯得脖子的下部位過於空落。打上領帶便使V形成爲↓形，增加穩定與充實感。而且領帶的顏色又可以在西裝與襯衫之間起調節作用。由此可見，服飾在運用形式美的規律和視錯覺來對人之形體進行補正與美化方面有著相當大的作用。

如上所述，衣著裝飾的審美意義，主要在於它能增強提高人自身的審美價值。在一般情況下，服裝能直接地顯示和襯托人的外在體形美；在不少情況下，它又能體現和折射人的內在精神美。

曹植的《洛神賦》寫洛神 "其形也,翩若驚鴻,婉若游龍,榮曜秋菊,華茂春松",美極了。這種美除了她形體本身的美的條件如 "延頸秀項"、 "眉若削成"、 "明眸皓齒"、 "修短合度" 等等以外,還用其 "披羅衣之璀燦兮,珥瑤碧之華琚。戴金翠之首飾,綴明珠以耀軀,踐遠游之文履,曳霧綃之輕裾" 等等穿戴裝飾而愈顯其美。另外如敦煌壁畫中那令人賞心悅目、讚嘆不已的飛天,其飄逸升騰的優美體態身姿在很大程度上借助她的輕柔飄拂的衣帶裙裾。正是這衣帶裙裾富於節奏和韻律感的飛轉流動,使飛天仙女的形象表現出詩情盎然的旋律流動美。而屈原的 "余幼好此奇服兮,年既老而不衰。帶長鋏之陸離兮,冠切雲之崔嵬。被明月兮珮寶璐", 就是其與眾不同的奇偉服飾,包括那切雲的高冠、夜明珠式的美玉,來顯示自行的高行節操,情純志潔。同理,《紅樓夢》中的《芙蓉女兒誄》也用 "聞馥郁而飄然兮,紉蘅杜以為佩耶?爛裙裾之燦燦兮,鏤明月以為璫耶" 的句子來揣擬屈死的晴雯的裝束。蘅杜的芳香,珠玉的閃光,所要折射的正是這位 "心比天高,身為下賤" 的俏丫頭高貴而純潔的美好心靈,所要映照的正是她生前那 "金玉不足喻其貴" 的 "質"。在這裡衣之於人,似乎變成了心靈的鏡子。

3. 人體裝飾的文化影響

不同的民族對形體美的理想有著不同的標準,而且同一民族在其歷史發展過程中其形體美標準也會發生變化,這就涉及到文化觀念與形體美及其裝飾的關係問題,可以說,地球上的白、黃、褐、黑四個人種,歐美、非洲、印度、阿拉伯、中國等文化都有

著同中有異，有時甚至大相徑庭的形體美標準。比如，達爾文在
《人類的由來》中引用赫爾思的話 "試問一個北部的印第安男子
甚麼是美，他會回答說，一副寬闊而扁平的臉，小眼睛，高顴骨，
左右兩頰各有三四條寬黑的橫紋；一個低平的額角，一個又大又
寬的下顎，一個重厚的鷹爪鼻子，一身黃褐色的皮膚，和一對長
長的下垂到褲腰帶的乳房" ❸。別的姑且不論，在我們的觀念中，
至少兩頰各有的三、四條寬黑橫紋及下垂到褲腰帶的乳房是絕不
能稱美的，這就是種族文化所造成的形體美標準差異。

在同一民族同一文化中，由於歷史的變遷也會發生形體美標
準的差異，比如中國古代有 "燕瘦環肥" 之說，指的是楚漢以清
瘦為美，趙飛燕是其典範；唐代則以肥腴為美，楊玉環是其代表。
西方也有類似的情況。十三世紀的女子喜歡詩琴一般的細腰，到
拉賓油畫中的少婦卻都十分肥碩。十八世紀的女人胖至有兩三重
下巴，而本世紀二十年代的姑娘則像英國公共學校的男孩一樣。

至於膚色，一般都以潔白為美，但在中國的六朝至宋代，勻
面亦兼尚黃色稱 "佛妝"。如梁簡帝有詩云 "異作顏間黃"，唐
溫庭筠詩云： "額黃無限夕陽山"，李賀詩：宮人正靨黃，宋彭
汝礪有詩說： "有女夭夭稱細娘，真珠絡鬢面塗黃，南人則怪疑
為瘴，墨吏矜夸是佛妝"。

這種文化觀念的變遷，對人體裝飾的影響也極為強烈，如楚
漢時因皇帝喜好引起的推崇清瘦為美的時尚，於是許多女子尤其
是宮女刻意取瘦求美，以至不惜為了細腰而節食束衣。這種情況
在當代仍呈回潮趨勢，如西方電影皇后切爾，為了保持苗條的身

---

❸　《人類的由來》，73頁。

體竟不惜巨金和痛苦抽掉了兩根肋骨。

再如，十六、七廿紀，歐洲各國婦女一方面流行以 "髖墊"、"裙撐" 之類誇大臀部，另方面則通過束腰來顯示腰，許多名媛淑女非得把腰束到只有雙掌合握的大小不可。1654年，湯瑪斯·布爾瓦有感於這種時尚對人體的戕害，曾爲文指出："當她們把自己的腰關在鯨骨製成的牢籠裡……便是她們開啓憔悴衰萎之門之時"。十八世紀末，緊身束腰的熱潮消失。而到了維多利亞時代，束腰竟又重返服裝界，只是束腰漸漸失去了它原有的使女性更柔媚、更性感的意義，而變成女性表示禮貌的時尚。維多利亞時代的女性如果不穿束腹，會被認爲是蕩婦或壞女人。與束腹相類似的是束胸，在禁欲主義的時代氛圍裡，少女們的乳房只能被緊緊地禁錮在束胸裝飾裡，而到了個性開放的社會裡，少女們則坦然地以挺拔高聳的胸部爲自豪與驕傲。

中國古代婦女曾有一種特殊的人體裝飾方式，那就是纏足。這種習俗在南唐時已開始出現並流行，而且流行範圍廣泛，趨勢迅猛，以至到了後來，男子相親不相面，只看姑娘的小腳，腳小便是美的，以至有 "三寸金蓮" 之說。有些浪子還對小足有種特殊的癖好，一見小足就能激發強烈的性欲。對於纏足這種習俗的起因，一般是這樣傳說的，相傳南唐李後主（即李煜）的宮嬪中有一個名叫窅娘的女子，極美貌而善舞，因此後主用高達六尺的玉飾作金蓮，命她在上面漫步跳舞，每當跳舞的時候，窅娘就用縑帛將足纏繞，並使之彎成新月形。這樣做的效果，更使自己如套上了足袋的仙女一樣婆娑起舞，也就顯得婀娜多姿。其實，纏足之所以剛一出現便能迅速地流行，應該還有更重要的作用。據日本學者山川麗《中國女性史》稱，通常的說法認爲之所以這樣做，是爲了把婦女禁錮在閨閣之中，對她們的活動範圍加以嚴格的限制，從而達到男子的欲望獨占其貞操的效果；又有一種說法，由於纏足後，足的形狀成了畸形，當足接觸地面時，全身的重力集中於踵部，也就是說人爲地變成了用踵部走路，因此，跟著發生變化的是婦女的腰部變得發達，對骨盆也會有重要的影響，涉及到性的方面也會產生極其微妙的作用，在這一點上與西洋人的芭蕾舞有同樣的效果。以上幾種說法本質上沒什麼區別，纏足的風俗究其根本，仍與性選擇的動機有關，只是這種動機帶上了強烈的封建性文化色彩而表現爲畸形和異化，之所以這樣做，從男人一方來說，是由於中國封建社會的夫權主義一直把婦女當做奴隸，力圖全權控制，再是把婦女當作玩物，試圖通過畸形的人體裝飾來增加在性活動中的快感。前一種因素較爲明確，而後一種則較爲隱晦。從女的一方來說，是由於在夫權束縛下的女性已不認爲自己有獨立的人格，而以男子的喜好作爲自己的人體裝飾和形體美標準，因此爲了求得男子歡心，也自覺不自覺地承受這種痛苦的整形。

由此可見，在人體裝飾的性選擇因素和審美因素中間，往往還有著文化的因素在起作用。性選擇作爲最基層的因素在人類社會表現時，往往受到社會、政治、經濟、宗教、道德等因素，綜合而成的文化觀念的影響，這種文化觀念又對人的審美觀念產生著巨大的影響。人們爲了性選擇中的優越而裝飾自己美化自己，這種裝飾和美化在特定的社會又帶著特定的文化烙印。

六、個體的性意識與
形體的自我美化

前一章從人體裝飾，主要是從宏觀的角度，把其作爲一種文化現象，著眼點是處於一定的民族、時代或區域文化中的人類整體，涉及的是民族性文化與形體美化的關係；本章談形體的自我美化，則主要是從微觀的角度，將其作爲一種心理現象，著眼點是處於不同階段的人類個體，涉及的是個體性心理發展與形體美化的關係。在我看來，個體的性意識與形體的自我美化有著某種對應的默契與個體的生命的發展由兒童到青年以至老年相對應，個體的性意識由朦朧到成熟以至弱化，而個體的形體美化則由被動到自覺以至轉向。

1. 性本能、性心理與性意識

在此，我們首先有必要區分一下性本能、性心理與性意識三個既有聯繫又有區別的概念。根據心理學的定義，本能是由遺傳而來，不學就會的能力，它爲一切具有神經系統的動物所共有，是在種族適應生活條件過程中逐步形成和鞏固的無條件反射，是個體適應環境的一種最初形式。性本能是最基本的本能之一，它源於性腺激素，是人和有性動物共有的生理現象。在人類而言，除了新生嬰兒以外，沒有純粹的本能，因而人類的性本能表現是心理化的，動物的性本能則是純粹的生理本能。

心理，是生物演化到高級階段中腦的特殊機能，在物種演化過程中，心理經由感覺、知覺、思維萌芽和意識等階段。性心理作爲最基本的心理之一，也是腦的特殊機能動物中只有高級動物才具有一些低級的性心理，而人的性心理則達到了最高的發展。

意識，是人類特有的心理反映的高級形式。西方心理學界至今對意識尚無公認的確切界說，較流行的有下列一些看法：(1)意識即認識；(2)意識是覺知，即強調認識的感性成份，有時意識是指人的直接覺知；(3)意識爲個人的統一性，即意識指個人的心理活動的整體；(4)意識代表正常的覺醒狀態等。據此，我們可以認爲性意識則是對性的知覺與認識，代表了人對性的正常的覺醒狀態。性意識不但是人類特有的，而且只是在人類生命的一定階段才有的。

可以說性本能、性心理、性意識是依次以前者爲基礎而又超越前者的三個依次上升的層次。在形體美與性選擇中，動物由於只具有性本能及一些低級的性心理而不具備性意識，因而在性選擇中只注意性特徵的刺激，對自身的形體也只可能有一些極不自覺的“美化”。就人類總體而言，隨著從野蠻到文明的不同歷史時期的演化，人類的性意識也逐漸由朦朧到自覺，與此相對應表現爲人類對自身的裝飾由隨意到刻意。並且，隨著人類對形式美的逐漸認識和把握，人體裝飾由純粹的性選擇意義轉而向綜合的審美意義。就人類個體而言，隨著從幼兒至成年的不同發展階段的成長，性意識由朦朧逐步變得自覺與強化；與此對應，形體的自我美化也由被動轉向自覺與刻意。然而隨著成年後生命發展後期的個體性本能的逐漸喪失，性心理的逐漸衰老，以及性意識的逐漸弱化，形體的自我美化也逐漸由性選擇意義轉向其他意味。

2. 幼年階段的性無意識與形體的被動美化

我把這一階段大致規劃在從出生到6～7歲之間，也就是包括了心理學上通常所講的乳兒期（從出生到滿１歲）、嬰兒期（從１歲到3歲）和學齡前期（從3歲到6～7歲），這階段的三個時期恰好與弗洛伊德著名的“嬰兒性欲學說”即兒童性心理發展五階段模式中的“口欲期”、“肛欲期”和“陽具崇拜期”相對應。如果承認弗洛伊德的學說在性心理學上還有著某種科學因素的話，那麼也許可以說，在這一階段兒童可能已有了潛在的性欲，但還是沒有性意識，這種潛在的性欲可能會對今後的心理發展起一種潛因的作用，但對兒童當時自身的行為尚無明顯的引導影響。就性心理與形體美化的關係來說，不但本階段這種潛在的性欲不可能對形體美化產生主動的影響，相反，兒童正是在形體的被動美化中接受著性角色、性心理的認同和性意識的啓蒙。

從嬰兒呱呱墜地，裹上第一塊襁褓起，母親就開始對孩子的形體進行裝飾，即便是籠統裹身的襁褓，母親也往往喜歡選擇漂亮的。隨著嬰兒從襁褓脫穎而出，可以著上貼身的衣服時，母親和其他親近的成人們更是煞費苦心不厭其煩地為兒童製造各種漂亮的別出心裁的小衣服，哪怕穿不了多時便因嬰兒的迅速長大而被淘汰。不僅如此，做母親的還喜歡在尚未懂事的嬰兒臉上敷點粉，在嬰兒額上點一點胭脂。然而對於乳兒和嬰兒來說，無論是被美化也好、被醜化也好，他都一視同仁，或者可能麻木不仁，他甚至常常把母親的傑作破壞得一塌糊塗。由於生理和心理的發展尚未成熟，此時的嬰兒還沒有形成起碼的意識與行動能力，更沒有形成起碼的異性觀，他還沒有想到也沒有能力打扮自己，此時的形體美化完全是由母親或其他成人操作的，嬰兒是完全被動地接受著形體美化。

也許正是在這種被動的形體美化過程中，性意識的啓蒙已經在悄悄地開始進行了。在乳兒期甚至嬰兒期，母親和其他成人的對嬰兒的打扮還往往可能是不分性別的，他人往往難以從外表上看出嬰兒的性別，因而常可以聽到這樣的發問："是小子還是閨女呀？"然而一旦進入學齡前期，兒童的形體美化性別差異就日漸明顯了。兒童發展性心理學的研究證明，至3歲左右，兒童基本上完成了認知性別，而在整個學齡前期則完成了性心理認同，即在心理上把自己視爲男性或女性。如果兒童在生理上的性別認知還可以說是由於男女孩對彼此性器官的不同的發現，那麼兒童對於性心理和性角色的認同則主要是由於外源的影響，即孩子的雙親的性期望、性角色示範作用以及社會的性期望。成人對孩子的形體的美化正集中地表現了性期望與性角色的期望和規範，同樣是出於美化的動機，男孩的服飾就一般較女孩的服飾爲素色。在兒童服飾和兒童用品商店裡男孩的服飾和使用的東西較多地飾以藍色，而女孩的則較多飾以粉紅色。男女兒童的玩具也有區別，男孩的玩具一般是狗熊、交通工具、武器等，女孩兒的玩具則一般是兔、花和娃娃等等。

在服飾和打扮上，此時對男女兒童的性別區分也較爲明顯了，如女孩的父母由於小孩的頭髮稀少，常用綢帶紮帶紮髮表明她是女性，一旦有可能紮起小辮子或留起留海，父母一定不放過這樣的機會，哪怕紮起的是衝天小辮。而對於男孩，一般就給其留小平頭。男女孩戴的帽子也有明顯的區別，女孩往往是顏色鮮明的花帽，男孩則更多被戴上大沿小軍帽、航空帽等。對於臉上的修飾此時也有了區別，小姑娘常常用粉餅胭脂，並給其塗口紅，小男孩則較少地使用這些美容品。一旦小男孩也試圖模仿小姑娘就可能會受到大人的指責："不害羞，你是男孩！"此外，小孩穿開襠褲的時間一般也是男孩更長一些，小男孩露出屁股人們會覺得好笑，小女孩露出屁股會被大人認為不像話，因此女孩比男孩更早地形成了羞恥心理。

總之，在這一階段，兒童的形體裝飾和美化完全是被動的，形體服飾和美化的操作完全由母親和其他成人進行，其性別特點也是由成人們賦予的，兒童們正是在這種形體的帶性別色彩的被動美化中不知不覺接受著性意識的啓蒙。

3. 少年階段的性朦朧意識與形體的不自覺美化

這一階段大致在6～7歲到16～17歲之間，包括心理學上所稱的整個學齡期，即學齡初期或兒童期（從6～7歲到11～12歲），學齡中期或少年初期（從11～12歲到13～14歲）學齡晚期或青年初期（從14～15歲到16～17歲），這大致是小學到中學時期。由於進入了學校，少年兒童擴大了交往的範圍，結識了更多的同性和異性的伙伴，由此獲得了更多的性信息。此外，由於行為上自由度的增大，使他們受到了父母家庭以外環境的影響。這一時期的三個階段性意識由潛伏到萌發到"爆發"的跳躍性非常明顯，而且男女之間性意識的萌發的遲早也有較大差異。

學齡初期或兒童期，按弗洛伊德的兒童性心理發展五階段模式，正是處於性欲的 "潛伏期"，在這個時期兒童開始把興趣轉向同性，更喜歡與同性交往。柯爾的青年心理發展三階段說持同樣看法，他認為從嬰兒期起至青年時期，引起愛情的最有力的 "愛的對象"（Love-Object）有三度變化。自嬰兒期起至八、九歲止，為第一階段，此階段內愛的對象為異性的成年人，即父母或撫養者，這階段相當於我們前面所說的幼年階段。而自八、九歲起至發身期前後，柯爾稱為愛的發展第二階段，即同性愛時期（Homosexual-stage），這個時期的愛的對象，就是大約同年齡而又同性別的友伴。❸

處於這一時期的兒童在校內外非正式活動中，大多數情況下男女學生各自活動，形成同性交往的小集體。兩性的小集體之間常常會發生無緣無故的爭吵，例如小集體中的個人感受到異性的欺侮，就有可能發展成兩夥人之間的爭吵。如果有人超越性別界限，同特定的異性相好和接觸就會遭到來自同性的輕蔑或奚落。這種同性交往趨向的加強和異性的相互排斥、故意輕蔑以至於對異性持過分粗暴而冷漠的態度，並非是性心理發展的內源性產物，而是社會環境對行為塑造的結果。巡視此時少男少女的內心，並不存在任何拒絕與異性交往的動機和理由，也並非有厭惡異性的情感反應，其實只不過是此時性心理尚未成熟而未能意識到異性的性感魅力和整體美；或者恰恰相反，正是由於他們已在內心深處不自覺地朦朧地感受到了異性的吸引力，但這種真實的心態與其在社會規範強化下的羞恥心理嚴重地矛盾而表現出某種文飾性的

---

❸　參左學禮《發展心理學》，台灣商務印書館，1977年版，116頁。

反應。比如，在小集體中，往往會出現故意排斥長得出色的異性的傾向，這恰恰反映了這種文飾心理。

日本心理學家大西等曾以小學四、五、六年級的學生爲對象，調查了他們對異性的想法。結果表明，男孩和女孩對異性持肯定態度的都比持否定態度的多，女孩這種傾向特別強，而且年級越高越強。

對異性的想法

（大西等，1969）(%)

	男		性		女		性	
	4年級	5年級	6年級	共計	4年級	5年級	6年級	共計
想結交爲朋友	22.0	24.5	24.2	23.6 / 67.6 肯定的項目	33.6	40.8	42.6	38.9 / 86.2 肯定的項目
不知爲什麼總想結交爲朋友	37.5	45.2	49.2	44.0	47.6	47.3	47.0	47.3
不知爲什麼不想結交爲朋友	29.6	22.6	20.0	24.1 / 31.5 否定的項目	14.5	9.0	7.6	10.5 / 13.4 否定的項目
不想結交爲朋友	9.7	6.5		6.0 → 7.4	4.0	2.0	2.6	2.9
不回答	1.0	0.9	0.2	0.7		0.6		0.7

同性集團在性心理發展上有著重要意義，顯然似乎是一種性意識的潛伏，其實正在爲下一階段性意識的跳躍作著準備。其一，在與同性的交往中，增強了本性別意識，使學齡前期已見雛形的性角色繼續發展；其二，同性集團一度造成少年男女無形分隔，這種分隔有利於純化少年男女的性別行爲，形成兩性性角色差異。

更重要的是分隔形成了少年男女心理上的疏遠感和陌生感，凝聚著日後兩性相吸的巨大驅動力。

這一時期的兒童由於同性意識的強化，在形體美化上則由完全的被動開始轉向不自覺的主動。他們在服飾和其他的裝飾中已有顯示自己性別的要求，但當未產生取悅異性的意圖，男孩和女孩又有著很大的區別，女孩被認爲可以打扮得漂亮些，她們已開始以自己的新衣服自炫，頭髮上也喜歡加些裝飾，而男孩則可能會不好意思穿新衣服，怕被同性伙伴們看作“愛打扮”而受到奚落。

學齡中期即進入少年期後，兩性間的性敏感、性吸引和性興趣便開始朦朦朧朧地產生並與日俱增了。促進這一變化的生理學原因是性激素水平的突增，導致性徵開始出現，而心理學原因則是自我意識和自我角色的形成及隨之而來的性意識的逐漸強化以及對自身的性特徵產生羞恥、自豪、厭惡、自憐等各種情緒。無論是女孩的初潮還是男孩的第一次遺精，都往往使本人對自己身體內部的變化感到驚恐不安，以爲得了什麼病，但同時又有一種對自己已長大成人的喜悅心情。少年發身期的這種微妙的心理變化，使少年男女對性差異更爲敏感，他們渴望了解性知識，並非常關注來自異性的目光和態度。總之，性已經逐漸深入滲透於少男少女的心靈生活之中。

然而，少年期的這種心理和生理上的變化並不一定要去引起異性的關心與追求。相反，這一時期的異性間的故意疏遠和排斥的傾向仍在繼續甚至強化。相對而言，女孩對於異性的嚮往較強，她們往往會用淘氣的方式來引起男孩兒的注意，而男孩可能會對異性的舉動全然不感興趣，總是熱衷於自己感興趣、自以爲有“男子氣"的事和體育運動。即使兩性間產生某種朦朧的憧憬,也還算不上異性間的愛戀,而只是一種不成熟的、模糊的傾慕,而且此時的傾慕,往往肉體欲望的成份較少,精神性、幻想性的成份較多。因此,常有少年傾倒於年長的女性,少女崇拜中年男性的情況。而這種情況又往往表現為對那些具有智慧或力量的英雄人物和知名人物的崇拜和傾慕,於是成了教師、電影明星和體育健將的狂熱崇拜者,此時尚未出現所謂性選擇,而只是朦朧的性偶像崇拜。

與此相對應,在形體的自我美化上仍是不自覺的,大大咧咧的男孩子可能仍滿足於披件草草率率的運動衣,在形體的健美上,他們只是在自己感興趣的體育活動中不知不覺地鍛練了自己的肌肉,而不是有意識的健美訓練。女孩的愛美之心相對強些,但由於還缺乏明確的吸引者和追求者,性選擇意識尚未明確,因此她們的穿著打扮都還沒有自覺考慮性感因素或把握形成美的規則。無論少男還是少女,他們都可能受到他們所崇拜的偶像的影響,在形體的美化趨向模仿這種偶像。

進入學齡晚期,青少年的性心理更加活躍,性機能逐漸成熟,性意識也趨於成熟,此時男女都已希望引起異性的注意,並開始出現較單一的但並不成熟的嚮往,尤其是女性,能更快地從自我否定和性反感狀態中擺脫出來。恢復對本性別信心,除了利用大自然賦予的,不經特別努力即可獲得的天生麗質去顯示女性的魅力,吸引異性的注意外,並開始自覺然而尚未成熟地美化自己。男性也開始注意自己的儀表和風度,並開始有意識地鍛練自己的形體。但由於這一時期仍是學齡,男女青少年們還在中學讀書,尚未走向社會成為獨立的人,尤其這階段又往往是準備高考或準

備就業的關鍵時候，因此，社會環境和輿論的氛圍以及由此造成
的心理張力使此刻的少男少女們還不能在形體自我美化方向過分
地用心。此外，由於形式美感的把握在這一時期也尚未自覺，因
此，在他們服飾方面常可以發現顏色不協調或比例不相稱的情況，
比如在外套下露出內衣，穿過緊或過鬆的衣服等等，這些都表明，
此時少男少女的性選擇意識還未完全成熟。

4. 青年階段的性成熟意識和形體的自覺美化

　　這一階段有的稱為青年後期，有的稱為成年早期，大約在17～
18歲到30歲之前，這一階段，埃里克‧埃里克森稱為是個體社會
化過程中親密和孤獨的時期，包括求愛和建立家庭生活。埃里克
森所講的親密是指和另一個人共同生活、互相體貼又不怕沉湎其
中失去自我的能力，如果一個人不能做到親密，將生活在一種孤
獨感之中。這一時期青年無論在精神上還是在身體上都已完全成
長成了成年人，他們對異性的態度和意識也趨向成熟。此時對異性
的嚮往已不再是一種朦朧的憧憬而已帶有十分明確的結合欲望，
走向結婚與建立家庭，因此這一階段是人類性選擇的最重要的時
期。

　　這一階段對於學生來說，正是離開中學進入大學的時期，環
境的改變與開放使青少年在中學時期受壓抑的性意識突發性地成
熟，在形體美化上也飛躍性地刻意與自覺，以至上大學後的第一
年與第二年同一位學生看上去有判若兩人之感。在這一階段，男
女青年對自己和異性的形體都相當關注和敏感。女性更注意自身
的形體魅力而男性更注意對方的形體魅力，男性常常在同性中以

對異性“打扮”的方式表示對其形體美的評價，因爲相貌往往成
爲戀愛開始的基本因素。男女雙方一旦有了戀愛意識，或有了求
偶欲望總是會更加注意美化自己的形體。比如，無論是男青年還
是女青年都會自覺地去參加某種能使自己的形體更健美的體能鍛
練，男子以單雙槓、槓鈴、啞鈴以及球類運動等力量性的鍛練爲
主，女子則以藝術體操、健美操等輕柔、協調性鍛練爲主。男女青
年都注重自己的服飾打扮，可以說是一生中最爲重視的時期，幾乎
大部分的服裝和首飾及化妝品的產品都是爲他們而準備的。不但
如此，青年們還注意從理論上修養自己，有意地閱讀些美學和美
容書籍使自己在形體自我美化方面做到性感和美感的雙重自覺。
雖然，就形體的天然素質而言也許少年階段更有動人之處，但就
形體美的成熟，形體美化的自覺而言，則是在青年階段達到了頂
峯，這一切都是和青年的擇偶心理成正比的。在生活中不難注意
到這樣的現象，當某位青年一反常態地悄悄在鏡前屢屢注視自己，
並在出門之前總要梳梳頭或西裝革履、灑上香水，這往往表明他
已有了意中人或準備去尋找意中人。

　　這點甚至到了成年或者中老年仍是如此，一旦某男某女就有
了求偶意識，他或她就會首先注意自己形體的美化。蘇聯電影
《辦公室裡的故事》中女主角就是這樣的一位喜劇人物，這位平
時死死板板，官氣十足，除了局長的身份毫無女人味兒可言的老
處女，一旦對她的那位下屬萌生了求偶意識，就破天荒地向她的
秘書求教起打扮之道來，而且，後來愛情的發展，形體的美化的
確使她恢復了女人的面目，表現了女性的魅力。

5. 成年階段的性穩定意識與形體的類型美化

這主要指的是30歲以後中壯年時期，按埃里克森的社會化理論這是成家立業的階段。在這一階段，人們一般已完成了求偶而建立了家庭，成了負有繁重責任的社會成員和家庭成員，這時候按正常的社會規範已不允許有份外性愛之想，人們注意重心更多地轉向事業追求和社會地位，性生活主要在於協調和洽夫妻間的關係。相對而言，由於女子在家庭間社會的性角色中更多地從屬性和依賴性以及容貌在女性魅力中較為重要的意義，她們為了保持對自己丈夫的吸引力，還會花一定精力注意修飾自己，而男子除非他有份外之想，一般就可能不再過多地注意自己的修飾，甚至對妻子為自己而作的修飾也會麻木不仁，以至做妻子的可能抱怨丈夫不領自己的用心，而且抱怨丈夫在追求自己時那麼風度翩翩，而現在卻都無所謂了。

然而成人們並不是不再對自己進行形體的美化，而是將美化的動機由直接的性選擇更多地轉向一般的社會身份上去了。之所以稱類型美化正是因為這種形體變化往往主要旨在顯示某種社會身份，如商人、企業家、學者、海員、教練、軍人等，進入了成人期，他們的打扮身份性十分明顯，不像在青年時期主要是為了展示性魅力。

6. 老年階段的性弱化意識與形體的轉向美化

在個體的性意識發展變化中，老年是一個十分特殊的階段。男性60歲、女性50歲，一般認為是進入了老年階段，此時與機體其它官能一樣，性的機能也出現了衰退，性激素血濃度逐漸下降、欲望有所減退。僅管有些資料表明老年男女的性興趣和獲得性高潮的能力並未完全喪失，據普凡佛在66～71歲之間的老人調查，70%的男性老人還對性有興趣，48%的女性老人也抱同感，而且老年人對性觀念、性興趣和性能力等方面有極大的個性差異；然而還是有相當一部分老人，而且可以說是大部分老人，他們的性意識和性能力將發生極大的變化，主要表現爲：普遍性冷淡、性厭煩、性生活損傷、文化傳統的抑制和性機能廢用性萎縮。

出現這種情況的原因不但只是性生理結構方面的，它還包括：第一，甚至連醫務人員也無例外的在文化傳統觀念上對老年人持有偏見，否認老年人有性的本能需求，歧視和取笑提出這類要求的老年人，使他們感到心理壓力，不得不自覺泯滅這種願望；第二，軀體疾病，尤其是心臟和泌尿生殖系統的慢性病，會限制性的活動，有些老人可能過於敏感地把軀體變化的無關症狀視爲終止性活動的信號；第三環境因素，喪偶使他們失去性愛對象，年齡又不允許他們重擇性愛對象，這種種原因，使老年人自覺不自覺地認同了性衰老心理，性意識也就弱化了。

這種性意識的弱化，使老年人無意也不好意思再在形體直接的性魅力或形體美方面而下功夫。所謂“無意”指的是他與她既然已沒有繼續求愛與做愛的動機和能力，而且自身形體上自然魅力也已嚴重衰退，因此他們就不再想在這方面下功夫。所謂“不好意思”指的是即使他或她還有這種意願也會因怕人恥笑“老年俏“、“老不死”之類而羞於實現這種願望。

然而作爲一種自我的存在，對形體自我意識並未消失，維持自我形體美好形象的願望還是有的，只是這種美化往往轉方向了，即由著眼於直接的性魅力或形體美轉到了某種體現自己的志趣、愛好或品格的特徵。比如有的老人喜歡留一縷飄逸的銀鬚，以表現自己仙風道骨般的神采，有的老人喜歡掛珍貴的勛章，以顯示昔日的威風，有老人喜歡持某種裝飾性的枴杖、扇子、煙斗等等、總而言之，在這時形體裝飾的美化已主要不是旨在性選擇，而是某種志趣身份的象徵。

　　附帶提及一句，在兒童至成人的各個階段都可以發現某些異常的形體自我異化現象，比如男性女妝或女性男妝，這是與性意識的變態和性角色的異化相對應的。性心理發展不正常的，如同性戀、異裝癖、易性癖等，在形的自我美化上就常常出現性別錯亂現象，至於屬於正常性心理而在性氣質上表現出來的男性雌化與女性雄化，也會在形體自我美化上得到直接反映。

七、形體美在藝術中
的性選擇表現

　　形體美作為藝術的對象，無論是在造型藝術還是在語言藝術中得到表現時，都帶著鮮明的性選擇烙印，透過男女形體古往今來的藝術表現中的不同比重與不同方式，可以窺見兩性在社會歷史的演變史，不同的性選擇地位以及兩性的性選擇心理差異。

1. 性選擇地位與人體藝術的表現：比重的流變

　　自從人類發現了自身，人的形體在藝術中就得到了表現，無論是在野蠻部落還是文明社會裏，是在原始藝術還是現代藝術中，這種表現雖然由於社會文化觀念的不同而可能時明時暗，但從來未曾中斷。人體在藝術中的表現總是或多或少、或隱或現地體現著某種性選擇因素，比如性選擇雙方在特定的歷史時代不同的社會地位，以及不同的心理特點等等。

　　值得注意的是這樣一個有趣的現象。在人類社會的早期，即人類文明意識還未得到充分發展的時期，兩性的形體表現的比重與兩性在社會中的性選擇地位是成正比的，例如，在母系氏族社會，女性是社會的主宰，也是性選擇中的主人，與此相對應，在當時的以性崇拜的形式表現的人體藝術中，女性形象占著絕對主要的比重。隨著母系氏族向父系氏族過渡，這種以性崇拜的形式表現的人體藝術也就逐漸由男性形象占越來越多的比重。然而，在進入男權社會之後，隨著人體藝術由性崇拜向性欣賞轉化，人體藝術中兩性的比重與兩性在社會中的性選擇地位漸漸形成了反比，到近現代文明社會更爲明顯，這就是說，在以男性爲主宰的社會中，人體藝術中的形象卻絕大部分是女性。

要解釋這種似乎是有些矛盾的現象也許可以從分析人類的意識發展過程入手。這裏，我們可以從皮亞傑的發生認識論獲得非常有益的啓示。皮亞傑根據人類總體的意識演變與人類個體的意識發展的某種對應關係，從解剖兒童的心理發展入手，對應著分析了人類原始思維的特點，在他看來，兩歲前的嬰兒期的意識水平，與動物意識對應；兩歲到七歲的兒童早期意識水平與原始社會早、中期的人類意識對應，這就是最典型的原始—兒童意識；七歲到十二歲的兒童晚期意識水平與原始社會中晚期的人類意識對應；十二歲到十五、六歲的青年時期意識水平與原始社會晚期和文明社會初期的人類意識對應。他認爲，人類原始意識基本的特徵是"自我中心"、"物我同一"、"不能區分一個人自己的行動與對象的變化" ❸，表現爲以直接同一來把握世界。法國社會學家列維—希留爾在《原理思維》則把這種思維特點歸納爲"存在物與各體之間的神秘的互滲"，❹也即表現著主客體互滲、物我不分的傾向。

據此，我們可以作這樣的推測：在人類的母系氏族社會和早

---

❸　皮亞傑《發生認識論原理》。

❹　列維—布留爾《原始思維》，商務印書館88版。

期的父系氏族社會，人類的思維水平正處於最典型的"原始─兒童意識"階段，以"物我同一"、"主客體不分"、"自我中心"等爲特徵的思維方式，在藝術中就表現爲藝術的主體和對象不分。當時的藝術創造者和欣賞者還沒形成明確的自我意識，還沒能將自我與對象明確地區分開來，於是，在人體藝術中，創作似乎就是自我表現，欣賞似乎就是自我崇拜，因此誰是社會的主宰，人體表現中最多的就是女性形象；隨著父系氏族社會的興起，男性取代了女性的主宰地位，人體表現的比重就向男性傾斜。然而，隨著人類進入原始社會的晚期乃至文明社會的初期，人類的自我意識逐漸確立，意識的主客體，藝術的主客體就逐漸地明確區分，人體藝術也逐漸地由出自本能的需要而塑造的自我崇拜的對象轉變爲按照社會尺度而塑造的供人欣賞的對象。對象與主體分離了，對象成了主體把握和把玩的被占有者。於是，人體藝術的兩性形象的比重，就逐漸地由作爲自欣賞、自崇拜的社會主宰者傾向作爲被欣賞、被玩味的社會被占有者，從性選擇的角度來看，就是由選擇者傾向被選擇者。

以上我們從人類意識水平的角色分析了人體藝術中兩性形象的比重變化現象，從中我們不難看出，在人類早期的人體表現中兩性形象的多少之所以與兩性的性選擇地位主從成正比，是因爲"主客同一"的原始思維造成了社會主體和主宰對所表現的人體的自我認同，因而誰是主宰誰就得到更多的表現；而後來之所以出現兩性形象的多少與兩性性選擇地位的主從成反比的觀念，是因爲具備了主體和對象意識的社會主宰將所表現的人體當作了滿足本性別需要的欣賞與玩味對象，因而，被主宰者反而得到了更多的表現。由此可見，在人體的藝術表現中，歸根結底，兩性的性選擇地位還是在起著一種潛在的決定影響。

2. 性選擇地位與造型藝術的表現：男權與女權

① 女性的由自炫到被欣賞

在最早的造型藝術中，女性的形象占著極大的優勢，從舊石器晚期到青銅器時期，在印度河與愛琴海之間，還有東歐的那些文明古國，以及中國都發現了一些刻劃母系—女神的雕像。新石器時期的東南歐有近三百尊不同材料的塑像，所塑造的幾乎全是女性形象，這些雕像對人體正常比例、人的臉部、五官等並不關注，而對作為女性特徵的乳房、臀部、下腹等第二特性徵卻大多進行誇張的表現，有的還作了明顯突出的刻劃，而且，往往在一些極少的動作中也表現出這些部位的關聯。法國出土的《羅塞爾的維納斯》特別強調骨盆的形象，體積大大地誇張，兩邊的髖骨突出，女陰三角、臍帶部等作了明顯的刻劃。而奧地利出土的 "維倫堡的維納斯"，乳房、腹部、腎部構塑成碩大的隆起狀，非常飽滿。這些產生於母系氏族背景下的女性形象，無不體現著女性繁衍人類、操持生計及其主宰部隊的權威和自豪。刻意突出的第二性特徵，與其說是男性性選擇觀的體現，不如說是在女權社會中女性對繁衍後代的能力的一種自豪。因為生育與性器官和有關的各個部位有著極密切的關聯，並且，這一切與外部自然的諸如動植物的繁殖生長和人類生計緊密相關的現象，在當時人看來又是互滲地相連。

在埃及新王國時代拉姆西斯六世的墓壁畫中，有一個描繪宇宙主神之一天空女神納特的畫面。傳說納特公主每天晚上把太陽吞入肚中，第二天再生出來，是宇宙的主宰，而她也同樣主宰著神的世界，是她的身體下面，是埃及的各城市的神祇的行列。納特被畫成一個裸體少女的形象，躬著身，身體的比例被刻意拉長了，就如一個舞台框架一樣，將那些大大小小的神、半神半人和法老都框起來，她身體的邊緣鑲滿了星星，六個代表太陽的棕色圖盤在體內外循環……這一切對女性的自由和勢力進行了出色的表現和渲染。

在這漫長的時期裏，女性之所以得到如此的崇拜，如此地在人體藝術中得到自炫，除了婦女在當時的生產方式中占著優勢地位這個生產力原因之外，還由於，正像埃及傳說中所表達的那樣，當時人們認為婦女還主宰著生殖的能力。

然而，隨著女權社會的逐漸衰微和父權社會的興起，男子的地位逐漸取代了女子，女子從被崇拜的對象淪落為被壓迫奴役的對象，而且，女性的身體本身就作為一種財富而被男性占有。與這樣社會地位的逆轉相應的性選擇觀念的轉變是：人們發現了男子精子的功能，似乎正是精子決定著生殖，可是男女在性選擇中的地位也逆轉了。隨著男子對女子占有關係的強化，女性形體的"被欣賞"意味越來越明顯，並伴隨著男性中心地位的確立，以一種"自覺自願"的形成存在著。希羅多德《歷史》中敘述的康道爾王后的故事，就說明了欣賞的關係與占有的關係緊密相連，只有占有者才擁有特權，而被占有者也在自覺地捍衛這種特權。這種現象，一定程度上也是人類動物性的體現：雄性動物的進攻性，與雌性動物的樂於承受。正是這種占有與依賴關係的出現，女性身上所具備的審美條件更突出了它的那種財產意義，於是，一種女性被欣賞的心理逐漸在女性自己以及整個社會中形成，並且沿續至今。

　　縱觀文明社會幾千年的造型藝術史，不難發現，女性形體在人體藝術中占著絕大部分的比重，直至現代，作為大衆傳播媒介的廣告藝術，占主導地位的形象仍是女性。這更充分地顯示了迄今爲止的文明社會主要是男權社會，在造型藝術的人體表現中，充分地透露著這個社會的男權意識。如果說古代文明社會中的女性美往往是以被占有的方式體現了被欣賞，那麼現代文明社會中的女性則往往是以被欣賞的方式體現了被占有。

　　前一種情況，最明顯的莫過於在繪畫及雕塑藝術中久盛不衰的女性被擄掠題材。例如，在奧林匹亞宙斯神廟兩面山墻上，就有半人半馬怪肯陶洛斯在婚宴中抱劫新娘和席間婦女的情節，歐律提翁右手摟著新娘的腰，左手按住她袒露的左傾乳房，表情上出現一種野性的陶醉。與此相對照，新娘的容貌秀美嫺雅，體態修長嬌柔，她無力抗爭，以顫抖的雙手去推擋對方的無禮，臉上出現恐懼的嬌羞，十分惹人愛憐。這是男性占有欲的赤裸裸發泄。從中世紀起就發生文學中流行的聖女殉教故事，在文藝復興見諸可視形象的表現以後，就一直成爲宗教繪畫的熱門題材，人們把那最富於感情的妙齡少女投入最殘忍的刑場，把最富於神秘感的處女之軀暴露於最貪婪的肉欲目光之中，甚至置於血淋淋的刀割蹂躪之下……這在加曼的名作《布連與分得的獵物》中也表現得十分明顯：牢房裡關著一群赤身裸體美貌豐腴的女子，在她們的身邊躺著被割下的男子頭顱，可見這些女子是經過血腥的屠殺之後掠奪來的。牢門開了，進來一位興沖沖地持著長矛來挑選女子的武士，被關女子的神情，有恐懼的，但更多的是聽天安命的無奈，甚至似乎還有著某種對被劫奪的期待。

　　此外，如貝尼亞的雕塑《珀耳塞福涅遇劫》，魯本斯的油畫
《風神波列阿斯綁架奧麗蒂雅》和《劫奈留奇波斯的女兒》和賈戈
表諦的《劫奈艾米莫娜》等等都是著名的表現掠奪女生的作品。
值得注意的是，在賈可莫蒂的畫中所注重的並非綁架本身，而是
借此情節去描繪一個美麗的女性裸體。站在海神背上的阿密莫妮
以一條極其優美的曲線顯現在畫面上，這裏明顯地看出了安格爾
的《拯救安吉利加的羅吉爾》和《泉》等人物的造型，是最典型
優雅的女性姿態之一，由此不難見出被占有者中的被欣賞意味。

　　在現代的魅態攝影，人體藝術及廣告藝術中，充斥畫面的形
象幾乎都是女性，在這裏，以被欣賞的方式包含的被占有的男權
意識是不言而喻的。根據一般的審美習慣，人體藝術的極大部分
欣賞者是男性，這恰好表明這些女性的形體美是爲男性而展示。
至於廣告藝術中將與產品毫無關係的模特兒形象與商品附著在一
起，爲的是增加顧客對商品的興趣，在這兒，模特兒本身就是顯
示著某種期待被占有的意味。

② 男性由被炫到自欣賞

　　基於同樣的社會和生理原因，雄性所引以爲豪的雄強壯實的
特徵因男性社會中心地位的確立而逐漸得以鞏固和發揚。從舊石
器時代晚期到新石器時代的大部分時間，是男性的炫耀期，而這
時的炫耀其實還是“被炫”，即爲了迎合女性而作的炫耀。從原
始的岩畫，舞蹈特別是生殖器崇拜活動等都體現了這個特徵，男
性性器官的形象的大量出現可以說是這個階段的高峰，而這種炫
耀所權力表現的強壯的“力”，正是女性對男性的選擇的標誌，
爲的是博取更有地位的女性的青睞。如在埃爾皮拉洞岩畫的狩獵

場面中，有很多跳舞的男子形象，這些畫中舞蹈的男子形體均為裸體，並且很突出性器官表現。與女性由自炫到被炫的過程相反的是，男性這種為博取女性青睞的"被炫"隨著男性取代女性而成為社會的中心，發展為一種強烈的自炫。

希羅多德曾有一段話記載當時的祭司們說："凡是當地居民對他的進攻加以抗擊並英勇地為本身的自由而戰的地方，他便在那裏設立石柱，石柱上刻著他的名字和他的國家的名字，並在上面說明他怎樣用他自己的武功使這裏的居民臣服在他的統治下。但相反地，在未經一戰而很快地便被征服的地方，則他在石柱上所刻的和在奮勇抵抗的民族那裏所刻的銘文一樣，只是在這之外，更加上一個女陰部的圖像，打算表明這是一個女人氣的民族，也就是說不好戰的、懦弱的民族"。性器官的形象，隨著母系和父系的相繼繁榮，曾經是各自的驕傲象徵。可是，隨著男子的勝利，這裏已明顯出現地位、褒貶的差異了，石柱的造型，就是陰莖的延伸，它是當年男性自炫時代最典型的標誌，今天，它已經演變成記錄功勛、炫耀偉績的紀念物了。

正是由於男性中心地位的確立和穩固，男性的形象繼續強化著他那固有的自炫特質。如古希臘雕，無論是神、英雄、運動員、戰士，無不以一種開放的姿態袒然呈現男性的化身—力。如發現於希臘淺海中的銅宙斯像，宙斯被處理成兩腿張開，兩臂前後舒展的擴散型形體，顯出一種主宰一切的威嚴和氣吞山河的氣概。與此同時的雕塑《拳擊家》，蹲坐在石塊上的男子全身肌肉塊壘分明，微傾斜視的神情表現著這位拳擊家藐視一切的自信，並似乎等待著對手來應戰。拳擊家對自己形體和力量充滿著自信，並且大有不露聲色地給人自喜的神情。

這種自我崇拜式的自炫到後代則更多地轉變爲將自我作爲對象的自欣賞。如米開基羅創作的最爲人熟知的雕塑《大衛》，那是男性的力和美結合的象徵。這位裸體的少年戰士，重心落在右腿上，左腿略微叉開，左手舉到肩上，握著那甩石的機弦，右手握著機弦的另一端並垂在腿側，他的頭部向左方扭轉，與身體形成了一種反向的牽拉，產生了一股強性的力量感。這是一個隨時準備出擊的動作，每塊肌肉都表現了緊張與激動，然而整個身體卻又給人一種靜定自信感，他的性器坦然地陳露，頭上和陰部卷曲的毛髮形成一種審照的對應。這一切都充分地顯示著自欣賞的意味。這種男性作爲社會力量主宰的自欣賞到羅丹手中表現爲男性作爲社會命運責任承擔者的自反思。如他的傑作《思想者》正是以全身緊張收縮著的肌肉透露出對人類命運的福苦的思索，這個貌似悲劇性的形象的底蘊仍是社會的主宰。

然而，就總的比量而言，在文明社會的造型藝術中，男性自欣賞的形象皆竟遠遠不如女性被欣賞形象那麼衆多。

3. 新的女權意識及自我表現

現代人重建家園，尋找新的自我意識，兩性的性選擇關係也就再次發生逆變。現代醫術提供的避孕和流產手段以及社會道德對此的認可使女性又控制了生殖權力，在性選擇中重新取得了主動地性，於是具有強烈的壓抑感的女性開始了對自身的性角色和社會的性規範的反抗。本世紀七十年代盛行在西方的女權運動和女性主義思潮就是這種意識與心態的反映。女權主義者指出，男人的色情藝術向來是風流自賞的，在他的眼中，女人只是性的玩偶,所以她們亦把這些觀念蕩開,讓道德在兩性間重新建立公正的法則。她們對人類的人體藝術史實際上成了一部男性視覺經驗的發展史十分不滿,她們認為女性的雙眼應有自己的感覺,不應滿足於被欣賞,男性也應在平等的基礎上欣賞女性,而不是利用和占有。

這裏特別值得一提的是美國女攝影師辛西娃·麥克亞當,她是為數較少的以女性表現同性的傑出人體藝術家之一。她不但熱愛女性的自然形體,而且還關心她們的精神世界。她認為攝影是探索婦女在當今世界中公正地位的一種手段,也是讚美婦女精神品質的方法。男人濫用婦女的形象,因為他們把婦女看成自己的奴隸,她抗爭道:"為了取得和男人相同的權力,作為平等的一員生存在這個星球上,婦女必須恢復她們的尊嚴,以及從精神到外貌的美好印象"。❹她的模特兒都是她的朋友和熟人,她讚美她們,展現了這些婦女的強烈的女性氣質。她的第一部作品題名就是《展現》,她運用各種形式表現了在大自然和城市環境中的健康形象和高傲的女性,表述了"女性神聖"這一主題,傾注了她對此的自豪、尊重與驕傲。在談到她的人體作品時說:"這些照片指出了一條道路,使我們返回到尊重生命與創造生命、尊重誕生與再生的神聖氣氛下,返回到沒有壓迫和暴力的原始環境裏" ❹她所謂的"神聖氣氛"和"原始狀態"指的就是女性崇拜的時代。那時女性代表著生命的繁衍。她的一幅作品中,女性驕傲地向天空挺突著一對豐滿的乳房,體現了女性對創造生命的自豪和驕傲;

---

❹ 參《人體攝影藝術與技巧》,遼寧畫報社,1989年版。

❹ 同上。

另一幅作品的女性在海邊沙灘上舒胸交腿而躺，承受著陽光和海波的撫弄，表現了在自然中的自由自在的生命情趣，在這裏看不到來自男性的壓抑，也見不到女性的故作媚態和奴氣。一切都是高傲的神聖的而又是那麼順乎自然的。

另一幅作品（作者不詳）則表現了現代女性的另一種意識與追求，茫茫海天一色的背景中，頂天立地地矗立著一位孤獨而又在掙扎的女性，掙脫的衣衫和纏身的繩索、按乳的手和仰天的眼神表現著這位現代女性在現實中感受的矛盾衝突以及要掙脫世俗嚮往自由的追求。總之，這也是一種全新的女性形象。

4. 性選擇心理與語言藝術的表現：男性與女性

略作比較，我們就會發現，在歷代的造型人體藝術中，作者大多數是男性，而在語言藝術中，則女性作者的數目相對大大增加。同樣是表現人體意識和人體美，女性可能要習慣於在語言藝術中表現。在我們看來，這是由於男女兩性的不同性選擇心理機制影響造成的。

如前曾述，在性選擇機制中，男性的視覺感受比女性更爲敏感與強烈，而女性的聽覺和心理體驗則遠遠比男性細膩和深刻。就觸覺而言，男性更傾重主動的施予而女性更側重被動的感受。此外，男性表達感情和感受相對比較直露，而女性的表達則相對比較含蓄。這些心理上的差異表現在藝術創造上，使男性在繪畫雕塑等造型藝術中更爲擅長，而女性相對而言，較適合於語言藝術。這倒並不是說男性不擅長語言藝術，其實，在這個以男權爲主的文明社會裏，語言藝術的創造無論在數量還是質量上，都仍是男性遠遠占優勢；只不過與視覺藝術相比較而言，女性的比例增加了。

　　然而，既使在語言藝術對形體美的表現中，男女兩性的差別還是相當明顯的。可以說，男性對女性形體美的表現主要是審視型的，注重的是視覺感受；女性對男性形體美的表現則主要是體驗型的，注重的是心理感受。拿中國古典文學來說，章回小說和評詞話本之類對美女佳人的直露描繪，是典型的男子目光和男子心態，因此可以說這種文學主要是男性文學；而在長短句和小曲中對男女情愛的含蓄委婉的吐露，則是典型的女子心理，因此幾乎可以把婉約詞一類稱作是女性文學。

　　在現代小說中，男性作家從視覺印象的角度維妙維肖地描繪女性的形體乃至裸體絕不少見，且不說純粹的色情文學，就是在莫伯桑、左拉等寫實主義作家中也司空見慣，甚至在詩歌裏赤裸裸的肉體美化也比比皆是。然而在女性作家那兒這種情況就比較少見了。托《范妮‧希爾》這部性小說中有對男性性器和形體的赤裸裸的描繪，而其實該書的作者仍是男性。在女性作家的筆下，或在作品女性人物的感覺中，男性形體的細部往往是朦朦朧朧的，而"男性特有煙草味"、"刺扎扎的鬍子"、"強有力的臂膀"、"堅硬的肌肉"之類體驗性的描述，卻往往十分深切鮮明。這些主要是由於女性特有的性選擇心理造成的。

八、形體美與性選擇的
文明危機及其反應

　　隨著大腦的發達，人類擺脫了動物的階段，實現了對動物的
超越而進入文化階段。生活領域從森林轉向平原，從部落轉向城
市；生產方式從狩獵轉向農耕，從手工業轉向科學工業；身體形
態從毛猿轉向裸猿，從野蠻人轉向文明人。人類掌握世界的手段
從純粹的手足技能進入到工業技術，又通過工業技術的四次革命
進入了以生物工程、海洋工程、核材料和微電子、計算機等爲標
誌的高科技階段；人類的思維和目光向內深入到大腦的最複雜組
織和機能，深入到了人的深層心理和無意識領域，向外則延伸觸
及了數以億萬光年計的宇宙太空世界。這個文化過程不是以漸進
的方式平均地演變，而是以累進的方式幾何級數地突進的。近五
千年的文明史的文化發展超過了以前幾百萬年，近幾百年、幾十
年的文化創造和成果又超越了前幾千年、幾百年的全部成果。

　　這種文明的發展過程對於人類的形體美與性選擇又有什麼影
響呢？我在前面曾側重探討了人類文明對於性選擇和形體美的進
化意義，比如，人類在性選擇中對形體美的追求由蒙昧到自覺，
由純粹的性崇拜到綜合的形體審美等等，而在即將結束這本小冊
子的最後一章，將著重討論曾在前面提及過的人類性選擇的異化，
它對人類形體產生的消極影響以及人類對此的反應。我姑且將這

稱作形體美與性選擇的文明危機及其反應。

1. 危機：性選擇的異化與人類自然素質的弱化

　　將現代文明社會人的身體的自然素質與野蠻部落甚至原始時代的人的身體相比較，在許多方面我們恐怕是要相形見絀的。尤其是在男性方面的跑、跳、投擲的爆發力，整個身軀的肌肉力度，對惡劣自然環境的直接的生理應變和忍耐能力，在女性方面的生殖能力等等，更是一般現代文明人自嘆不如的。在性機能和性生活方面，所謂男性的陽萎、女性的性冷淡等性機能障礙幾乎可以稱作是兩性關係中最常見的“文明病”（或稱文明的缺陷），這在野蠻社會似乎極爲少見。就形體而言，現代文明社會尤其是物質發達的社會中的男男女女往往對著鏡中自己那臃腫福態的身軀發出思古的悠情和文明之嘆息。

　　所有這些以及其他類似的種種之特徵，我們不妨稱之爲人體自然素質或自然性能的弱化。當然，這種弱化不能直接全部歸咎於性選擇，歸根結底它們還是由生產力的發展引起社會生活方式的變遷造成的。然而，受社會文化制約的性選擇的異化，在兩性關係這一層次對人體自然素質的弱化確實有著不容否認的影響。

　　生物學和社會學的研究表明，兩性的結合有這麼幾方面的意義：㈠生理的意義，這在個體主要是滿足性欲，在種族主要是繁衍延續整體生命；㈡精神的意義，主要表現爲愛情的欲望，擁有與歸屬的欲望；㈢物質經濟的意義，兩性結合成爲一個物質生活的實體；㈣社會的意義，兩性結合的共同體在社會上結成一定的關係，並爲社會承認一定的地位。與此對應，擇偶的標準也可以分成兩大類，甲類：第一性標準（生物、解剖、神經生理等方面的標準），如一個人的身體結構特點、外貌的個體特徵、神經系統類型、性特徵和性能力等等；乙類：第二性標準（社會地位、意識形態等方面的標準），如社會地位、權力、財富、世界觀、智能等等。甲類與兩性結合的第一種意義相對應，乙類則與兩性結合的其他幾種意義相對應。在有性動物階段，兩性的結合純粹是生理意義，它們的兩性選擇是純粹然而未完全的第一性的性選擇；在前文明的原始時期，由於人類的私有制和財產觀念還沒有形成，因此，兩性的結合還側重於生理意義和共同的社會生活需要，兩性的選擇是比較純粹的性選擇，注重的仍是第一性標準。所以在動物階段和人類的原始階段，自然的特徵是性選擇的主要著眼點，客觀上就在強化著人體的生物生理的自然素質。

然而進入人類的文明社會後，兩性結合的因素就較為複雜了。一方面，自然的性特徵仍然是直接或間接的性選擇因素；另一方面，兩性結合乃其選擇越來越多地受到社會文化因素的影響與制約。這種影響與制約有積極和消極的兩個方面，積極的一面指由於促進性選擇的心理化、意識化而使形體美的因素在人類性選擇中得到強化，消極的一面則指社會文化中的某些異化因素使人體的生物生理的自然素質在性選擇中的地位受到了弱化。這種消極的影響在我們看來主要是來自重財、重權、重智三個方面。

生活在公元前550年左右的希臘詩人特奧格尼斯已清楚地看到，性選擇如果做得恰當，對人類的改進有著非常重要的意義，但他也看到財富往往阻礙了性選擇的正常活動，因此他在詩中寫道：

我友庫爾努斯兮，
我兮訴說君其所；
孳息牛馬有理法兮，
人咸知所遵行，
畜唯蕃斯利唯大兮，
勞瘁在所不計，
所貴唯在良種兮，
無缺陷亦無惡癖。
胡獨兮人之議婚兮，
唯貨財是尚？
男稱娶兮，
女則稱歸而登夫家之堂，
鄙夫與惡棍之子若女兮，
一身銅臭，
乃得與名門之息作配兮，
涇渭合流。
凡有雜揉而紛亂兮，
貴賤於是不分！
形神舉措難得而名狀兮，
不類不倫。
我之族吁其沒落兮，
如江河之日下，
我之族亦曰即於駁雜兮，
云亡大雅！
因緣亦自由漸而分明兮，

君其莫怪，

神因斯食果兮，

其亦母爲此而傷懷。**❸**

　　由此可見，在動物中性的選擇"唯在良種"，而人的婚擇"唯貨財是尚"，這就不得不影響到種族的"沒落"。也許，說因婚擇中的重財而造成整個種族的"沒落"，這其中不無詩歌誇張的成份。但重財的因素在人類私有制社會的性選擇和婚姻中確實起著極大的作用，這就不得不使人類的正常性選擇呈現出某種異化的形態。比如，擁有錢財的枯朽老頭可以娶到、占有不止一個美貌的少女，醜陋的老婦也可能占有英俊強壯的男青年，這種爲人類優生優育所不許可的現象在私有制社會是司空見慣的。

　　與此相關連的是人類文明社會的性選擇和婚姻中的社會地位和權力因素也嚴重地異化著正常的性選擇。在這種因素的影響下，人們在擇偶和建立家庭時，往往或是主動犧牲人的自然素質的優越而去追求自然素質較差而社會地位、社會權力較優越的對象，或是雖擁有較優越的自然素質而不得不被擁有較優越的社會地位和權力的對象所占有。且不說在奴隸社會奴隸主對女奴的占有，封建社會君主大臣對富女婢妾的占有，以及資本主義社會企業主和官員在選擇配偶所占的權力優勢，這些社會形態裏的權力擁有者無論其在形體美和性特徵方面是何種拙劣，他們都可能仗著權勢而在性選擇中占取便宜，即便是在社會主義的社會形態裏，人

---

❸　錄自弗瑞爾，甲253，全集第二卷，334頁，轉引《人類的由來》，87頁。

們的性選擇也仍然無法抹煞權力崇拜的影響。

　　此外，影響現代文明社會的性選擇所造成人體自然素質弱化的一個重要因素就是現代人的重智主義。隨著科學技術的突飛猛進，人類生產活動中腦力勞動和體力勞動的對比發生了逆轉性的變化，有資料表明發達社會的腦體勞動比例已達到六比一，在更發達的社會將達到九比一。根據自然進化中的用進廢退原理，人類的智力特徵由此大大發展而人類的體力特徵則相對弱化。人類學和體相學的一些專家把從原始到現代社會的人的體相分成四種類型，那就是筋肉型、呼吸型、腦型和消化型。如果從橫的角度觀察，這四種類型在同一社會形態中都有存在，而如果我們從縱的角度來對比，那麼就可以發現，在原始和古代以體力活動爲主的社會裏這種四類型中以筋肉型和呼吸型占著優勢，他們以發達

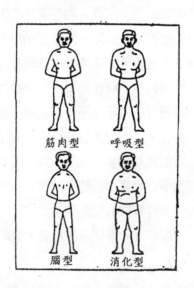

筋肉型　　呼吸型

腦型　　消化型

的肌肉和胸部爲主要特徵；然而到近現代，尤其是技術高度發達、體力活動所占比重越來越少的社會裏，則由腦型和消化型逐漸占了上風了，其特徵或是瘦削的身材配上一個大腦袋，或是肥胖的身軀突出一個大肚子。這種變化當然主要是由人類的生產方式發展而造成的，而且在文明上還是一種值得稱道的進步，然而在值得稱道的物質文明世界進步後面透露著人類自身的某種悲劇色彩，人類的自然素質恰恰在這種進步中被弱化了，這已引起了許多西方有識之士的警覺。這個技術社會對技術與智力的崇拜，表現在人類性選擇中就是選擇對象的智力等精神因素突出而自然性徵因素的相對弱化。由此，這種異化的性選擇反過來又對人類自身形體的生理因素的弱化起了推波助瀾的作用。

另一個值得注意的現象是現代社會的人由於刻意求美以致因愛美而損害了自身的健康，影響了人體自然素質，這就是所謂"愛美病"。比如著名影后切爾爲了保持苗條身材不惜花錢抽掉兩根肋骨，很難想像這種"美身法"會對人體的健康產生有益影響。此外，諸如爲了求得所謂健美膚色而不惜在陽光下暴晒以至於損害皮膚細胞，乃至導致皮膚癌；女人們過多戴戒指而使受籍的手指皮膚、肌肉、骨骼凹陷成環狀畸型；戴耳環染上耳軟骨炎，戴項鏈引起皮膚過敏，過分塗脂抹粉造成皮膚中毒，以及過久地穿緊身衣、束腰導致尿失禁，穿尖頭皮鞋導致嵌甲等等欲美反病，眞是令人哭笑不得的現象，也是常見的"愛美病"。在我看來，與"愛美病"相應的還有一種"愛健癖"，儘管這種說法可能會招致非議。這指的是在女子健美中，有的人單純地追求肌肉發達，並不遺餘力地使肌肉隆起，以至失去了女子優美性特徵。如美國女子健美選手特依·克麗佛在亞那罕比賽中上廁所時被警察攔阻，因為警察看她不像是女人。這種不顧性特徵而對肌肉發達的一味追求是否值得推崇，實在令人懷疑。事實上，有些女子健美選手在賽台上因其肌肉發達造型合乎 "標準" 而受到人們喝彩，可一到台下卻很少有承認她們是出色的女人，渾身肌肉隆起的男性化的女人往往令人望而生畏。這些現象可以說是由於形體美追求的異化引起人體自然素質和特徵的畸變。

2. 反應：性選擇的純化及形體自然素質的回歸

面對這種由於文明社會性選擇異化影響人體的自然素質，導致其弱化甚至畸變的文明危機，人類作出了種種反應。其中最主要的有：崇尚愛情、崇尚體育、崇尚健美、崇尚野蠻、崇尚自然。

崇尚與歌頌愛情，這是人類文明社會歷久彌新的主題，男女間純潔的愛情及其美滿的實現被看作是兩性結合的崇高理想。青少年們憧憬追求愛情，成年人們珍惜、維護愛情，甚至到了垂暮的老年還會深情地回味愛情。愛情在文明社會人們的心目中如此被崇尚，從某種角度來說，正是對文明社會中由財富權力等因素導致的性選擇異化的一種對抗性反應，出於愛情的結合是最純潔的性選擇和性結合，正是由於文明社會的性選擇和性結合始終受著財富、權力等外在因素的歪曲與異化，愛情在人們心目中才變得格外崇高與珍貴。

體育活動在野蠻時代就伴隨著人類了。不過在較早的時代，體育與生產、軍事等體力活動本身就是幾位一體的，只是到了後來體育活動才成為人類的一項業餘活動。也許正是由於人類文明社會在謀生領域的體力活動愈來愈少，體育作為一項補充性的體力活動在人們中間愈來愈受到注重與崇尚，這是人類對人體自然素質弱化的一種補償性反應。對於非從事專業活動的一般公民來說，之所以樂意在經濟上毫無所獲，甚至還要有所付出的情況下通過全身的努力活動來得到一身汗水，其原因很大程度上正在於為了借此獲得人的自然素質的充分發展，以避免文明社會的衰弱症。顯而易見的是，越是科學技術發達的國家與民族，體育在人們心目中的地位越是重要，因為對於他們來說這不僅是一種有趣味兒的遊戲，而且還是一種挽救人類自身文明危機的事業。體育還是顯示青春和性的活力的一種重要標誌，於是乎在現代文明發達社會裏越來越多人們願意著上線條流暢、顏色鮮明的運動衣，以顯示自己青春的活力。

　　如果說一般的體育活動還是對人的身心綜合性鍛練，它對形體美的塑造往往不是隨意的，不那麼自覺的，比如舉重、投擲、相撲等項目運動員形體的塑造往往是為了適應運動的需要，而不是從形體美角度去“雕塑”人體，因而運動員體型上表現出來往往健有餘，而美不足；那麼健美運動則是對人體形態及其功能的專門性鍛練，它對形體的塑造是刻意的，非常自覺的。健美運動以“健美的人體塑造、健美的人體運動和健美的人體藝術”來再現自我，充分挖掘人體潛能，集中體現了“人類按照美的規律去改造世界，並在這個改造過程中不斷完善自身”的意願。❹可以說崇尚健美運動是人類對現代文明社會造成的人體自然素質弱化的危機感的一種最強烈、最直接的反應。

---

❹　參《健美體育的提出、特點及發展趨勢》《健與美》，1989年，第1期。

　　健美運動19世紀20年代開始盛行於美國，其創始人是美國醫學博士劉戴民。19世紀30年代，被尊爲"健美運動之父"的美國《體育》雜誌主編麥克派登編寫了五十多種有關健美運動的著作，並在報刊雜誌上進行大量的宣傳報導，激發了世界各國青年的熱情，同時他首創了健美運動的比賽，從而使健美運動成爲正式的運動競賽項目。19世紀40年代，加拿大的本・韋德周遊90多個國家，積極宣傳健美運動的好處，並和他的弟弟裘・韋德一起於1946年建立了世界性的健美運動的體育組織—國際健美協會，本・韋德爲健美協會終身主席。現在，健美運動在世界各國，特別是歐美各國得到了蓬勃發展，國際健美協會已有110個成員國，每年都召開國際會議，研究和促進世界健美運動的開發。從19世紀40年代中期開始，國際健美協會便規定每年舉行一次國際性的健美比賽。在一年一度的世界男女健美錦標賽中，男子世界冠軍獲得者被授予"世界先生"或"宇宙先生"稱號，女子冠軍被授予"世界小姐"或"環球小姐"稱號。如今，健美運動在大陸的開展也衆所矚目，《健與美》以及類似的雜誌成了極爲搶手的讀物。

　　與健美運動相應的是選美賽。今日世界，名目繁多的選美賽到處興起。諸如"歐洲小姐"、"美洲小姐"、"香港小姐"、"台灣小姐"、"全球小姐"等等不勝枚舉。近年來，不少東歐國家也開始舉行選美賽，如保加利亞的"金色海濱小姐"，波蘭的"波蘭小姐"。就連向來視選美爲資本主義社會產物的前蘇聯也於1987年3月伊爾庫克鐵道學院首次進行了選美賽，而後，1988年6月在莫斯科列寧體育館舉行了規模空前的"1988年莫斯科小姐"選美賽，有2,750人參賽，以至掀起了一場空前的選美熱。

對此持贊同態度的人們認爲：要取得參賽資格就得精心裝飾自己的儀表，經常參加體育活動，控制飲食，保持標準體重，養成良好的生活習慣，掌握化妝技巧，注意坐立行走的儀態優美，以充分顯示出女性的魅力，這是蘇聯婦女所缺乏的。

簡短回顧了健美運動和選美賽的興起和盛行的歷程，再聯想到19世紀以來正是現代文明迅速發展，並隨著各種文明病症也迅速蔓延的時代，機械和技術的文明在發展物質世界的同時也在侵蝕人類的自然機體，以至於有人發出世界上找不到眞正的男人和女人的慨嘆。以弗洛伊德、馬爾庫塞、勞倫斯等爲代表的性心理學、性哲學和性文學家所熱衷研究和展現的也正是現代文明的成果及其缺陷的兩重性，並試圖通過人的自然性生活的途徑來解救文明的病症。他們的是非功過，歷史自有公論，在此勿庸贅言。通過聯想我們可以獲得的啓示是崇尚健美，以及隨後將說的崇尚自然與野蠻，正是對於性選擇和形體美的文明危機的一種直接反應。健美鍛練刻意強化著文明環境中人身體的自然素質，而選美競賽則是旨在提醒強化文明社會中的人體的自然的性魅力。

崇尚野蠻與崇尚自然是攜手同道的，青年毛澤東在就學時曾提倡"文明其精神、野蠻其體魄"。野蠻正是一種自然力量的象徵，對沈涵於靡弱不振的身心狀態的人們不啻是一種震聾發聵的刺激。當代人們不但在體魄上追求野蠻，而且在精神氣質上也尋求一種順乎自然、敢做敢當的"野蠻"氣概，這也許是美國西部片暢映不衰、硬派演員倍受青睞的重要原因。崇尚自然則主要是針對所謂"愛美病"、"愛健癖"之類異化現象的一種反應。它強調的是人們不必過分地犧牲健康而去追求所謂"健美"，男女兩性應當各自順應自己的天性規律、體現自己的性別特徵。

3. 展望

形體美和性選擇的未來會怎麼樣呢？也許這是誰也難以預測的。但是我相信藹理斯如下的一番話，並且以此作爲這本小冊子的匆匆擱筆：

> 假如未來的文明，一面能夠教求偶的事脫離種種世俗的計慮，一面更能把求偶的眞正健全的選擇標準與理想，嚴格樹立起來，那麼，性選擇眞可以成就一番取精用宏的事業，而成爲人類進化的一派強有力的導引力量。

這在我們理想的社會裏，將是能夠實現的。在那個理想的未來社會，人們擺脫了來自物質和精神的種種束縛，擺脫了現代文明社會的種種異化面在更高層次回歸了人的自然本質。人們能眞正地按照美的規律創造世界同時也塑造自己，按照美的尺度選擇對象同時也塑造對象，形體美與性選擇能實現眞正的、全面的、自由的互循環，引導人們進入一個人性美和人體美展示得更爲完全充分的境界。

未來是美的。

這是人類的共同願望。

一九八九年九月

於浙江大學求是園

主要參考書目

1. 馬克思《1844年經濟學—哲學手稿》，人民出版社，1979年版。

2. 思格斯《勞動在從猿到人轉變過程中的作用》《馬克思、恩格斯選集》，人民出版社，1975年版。

3. 〔英〕達爾文《人類的由來》，商務印書館，1983年版。

4. 〔英〕藹理斯《性心理學》，三聯書店，1987年版。

5. 〔美〕E.O.威爾遜《論人的天性》，貴州人民出版社，1987年版。

6. 〔英〕D.莫里斯《人體秘語》，昆明出版社，1988年版。

7. 〔英〕D.莫里斯《親密行為》，海天出版社，1988年版。

8. 〔英〕D.莫里斯《裸猿》，百花文藝出版社，1987年出版。

9. 〔英〕D.莫里斯《觀人術》，華夏出版社，1988年版。

10. 〔英〕戴維·波普諾《社會學》，遼寧人民出版社，1987年版。

11. 〔奧〕西格蒙德·弗洛伊德《性愛與文明》，安徽文藝出版社，1987年版。

12. 〔法〕伊·巴丹特爾《男女論》，湖南文藝出版社，1988年版。

13. 〔保加利亞〕瓦西列夫《情愛論》，三聯書店，1984年版。

14. 〔澳〕奧斯瓦爾德・施瓦茨《情愛心理探索》，黃河文藝出版社，1988年版。

15. 〔美〕O.A.魏勒《性崇拜》，中國文聯出版公司，1988年版。

16. 〔德〕格羅塞《藝術的起源》，商務印書館，1987年版。

17. 〔日〕津留宏、泉宇佐《結婚心理學》，上海翻譯出版公司，1986年版。

18. 〔日〕大西誠一郎等《現代青年的性意識》，華岳文藝出版社，1988年版。

19. 〔瑞士〕皮亞傑《發生認識論原理》，商務印書館，1986版。

20. 周國興《人怎樣認識自己的起源》，中國青年出版社，1988年版。

21. 徐紀敏主編《性科學》，湖南人民出版社，1988年版。

22. 陳醉《裸體藝術論》，中國文聯出版公司，1987年版。

23. 〔英〕肯尼斯・克拉克《裸體藝術》，中國青年出版社，1988年版。

24. 《Love—The Gigantic Force—Anthropological Studies of Sexual Relations of Mankind》, by Paolo Mantegazza, Falstaff Press, 1932.

25. 《Sexual Fiction》, by Maurice Charney Methuen, 1981.

後　記

　　這部篇幅不大的書稿是在1989年完成的。我本人和不少編輯先生都認爲這是一本學術性和可讀性兼而有之的著作，應該會有它的讀者。然而由於某種原因，在付梓前，一拖竟是五年。承蒙台灣學生書局的看重，才使它得以與讀者見面。

　　中國人對"性"總是抱著種種禁忌，以至嚴肅的學術研究都被視作畏途。其實人們都心照不宣地明白，"性"在人的社會生活和藝術生活中影響實在太大了；不打破這種禁忌，許多問題往往只能隔靴搔癢，扯不到關鍵。

　　與"性"有關的三個問題已長期纏繞於我心中，那就是一、性與審美；二、性與性格；三、性與社會。我試圖分別從審美學、心理學、社會學這三個角度審視人類社會尤其是中國社會的性問題，或者說以這三個角度考察"性"在人的社會生活和藝術生活中的深層影響。不過，這是一些有待時日和學力的大課題。

　　從人類學和審美學的角度而言，人的美（著重指形體美）就其最深層處看，首先是一種性選擇的信息，其它領域的美也往往可能是這種信息的擴散、比擬或象徵、暗示。本書就著重探討形體美與性選擇在人類進化過程中的互動關係及其歷史演變軌跡，只是不可能在這試圖達到雅俗共賞的小冊子中說透徹。

　　可以說，一個正常的人一生中沒有另外一種心理體驗會比性體驗更爲長期、內在、強烈和深刻，因此，人對待性的體驗及其反應方式往往可能積淀爲一種心理定勢和行爲模式，影響到他對周圍世界其他事物的反應方式，使之成爲其性格的內在因素。例如，中國人的"文飾"心理直接與對性的體驗及反應方式相關。這就是"性與性格"所涉及的問題。另外，性的活動與享受看起來是最個體化的，其實是最社會化的，它往往體現著一種社會等級、秩序與規範。中國古代社會慣稱"萬惡淫爲首"，然而這條箴律與皇帝後宮三千的特權並行不悖。社會的統治者總是通過對社會個體成員的性活動的規範來達到控制社會等級秩序的目的，而社會解放的活動則往往跟情愛自由、婚姻自由乃至性愛自由的呼聲連在一起。這就是"性與社會"所涉及的問題。這些問題都只能留待來日再作探討了。

　　我研究理學，也探討性學，兩者貌似處於極端的兩頭，其實有著深刻的聯繫，都是解決人的生存和體驗問題。前者著力於探討人的形而上的理性規範，後者則著眼於分析人的形而下的感性欲求。人總是離不開這兩極。

潘立勇

於浙江大學求是邨靜定軒

一九九四年八月

國立中央圖書館出版品預行編目資料

形體美與性選擇／潘立勇著.-- 初版，--
臺北市：臺灣學生，民84
面； 公分.
參考書目；面
ISBN 957-15-0685-0（精裝）.
ISBN 957-15-0686-9（平裝）

1.美學

180   84008471

形 體 美 與 性 選 擇（全一冊）

著 作 者：潘　　　　　立　　　　　勇
出 版 者：臺 灣 學 生 書 局
發 行 人：丁　　　　　文　　　　　治
發 行 所：台 灣 學 生 書 局
　　　　　臺北市和平東路一段一九八號
　　　　　郵政劃撥帳號〇〇〇二四六六八號
　　　　　電 話：三 六 三 四 一 五 六
　　　　　FAX：三 六 三 六 三 三 四

本書局登
記證字號：行政院新聞局局版臺業字第一一〇〇號
印 刷 所：常 新 印 刷 有 限 公 司
　　　　　地址：板橋市翠華街八巷一三號
　　　　　電話：九 五 二 四 二 一 九

定價　精裝新臺幣二二〇元
　　　平裝新臺幣一六〇元

中 華 民 國 八 十 四 年 九 月 初 版

ISBN　957-15-0685-0（精裝）
ISBN　957-15-0686-9（平裝）